TUTELLE POSTCOLONIALE

LE SÉNÉGAL, 13e TERRITOIRE D'OUTRE-MER DE LA FRANCE

Points de vue
Collection dirigée par Denis Pryen

Dernières parutions

Jean-Claude KAYUMBA, *La puissance du changement des mentalités ?* 2020.
Birame Waltako NDIAYE, *L'Afrique saturée de sens, Les illusions immobilisent le continent noir,* 2020.
Alhassane A. NAJOUM, *Les ruptures conjugales en Afrique subsaharienne musulmane, Analyse socio-anthropologique du tashi, de la répudiation*, 2020
Germinal G. VAN, *Au nom de la république forte. Côte d'Ivoire : essais politiques pour une hégémonie régionale*, 2020.
SHANDA TONME, *Les nationalistes africains à l'épreuve. Stratégies et tactiques pour le pouvoir,* 2020.
André MBENG, *Tribalisme, idéologie et jeu politique au Cameroun de 1951 à 2018*, 2019.
SHANDA TONME, *Journal d'un citoyen ordinaire dans une République extraordinaire. Mémoire du temps présent*, 2019.
Raoul NKUITCHOU NKOUATCHET, *Le Cameroun contre sa diaspora,* 2019.
Rameau d'Olivier KODIO, *Dire le Tchad, Réflexion sur un pays embourbé*, 2019.
Stéphane B. ENGUELEGUELE, *Gouverner l'urgence politique camerounaise*, 2019.
SAULET SURUNGBA Clotaire, *République centrafricaine : la parenthèse Séléka. Chroniques d'une coalition d'obédience musulmane au pouvoir*, 2019.
TOMPTE-TOM Enoch, *Comprendre la violence en République centrafricaine*, 2019.
SHANDA TONME, *Femme, maternité et préjudices sociétaux. Anthropologie des souffrances féminines. Segments d'autobiographie*, 2018.
Clotaire SAULET SURUNGBA, *La centrafricanité, antidote à la crise*, 2018.
Jean Clair MATONDO, *Congo. Toujours les mêmes*, 2018.
SHANDA TONME, SINDJOUN POKAM, Thomas TCHATCHOUA & Anselme NZOKO, *L'Université des Montagnes poursuit son chemin*, 2018.
SHANDA TONME, *L'obsession du complot bamiléké. Ma rencontre avec Jean Fochivé. Mémoire des années de braise au Cameroun. Fragments d'autobiographie politique,* 2018.
Salah EL GHARBI, *La « Cause palestinienne », cette malédiction arabe*, 2018.
Venant Fali NGALIKPIMA, *Cinquante-six ans après, que reste-t-il de Patrice Emery Lumumba ?*, 2017.

Cheikh Faye

TUTELLE POSTCOLONIALE

LE SÉNÉGAL, 13e TERRITOIRE D'OUTRE-MER DE LA FRANCE

L'Harmattan

Du même auteur

Livre

FAYE Cheikh (2014). *L'efficacité de la formation pour prévenir les risques professionnels. Cas d'un programme de formation basé sur une approche par compétences visant la prévention primaire des maux de dos chez du personnel soignant.* Éd. Presses académiques francophones, 153 p.

Chapitre d'ouvrage collectif

FAYE Cheikh, Berthelette, D., Leduc, N. (2011). *La formation pour prévenir les maux de dos au travail : problématique de transfert des résultats de la recherche ou des connaissances et effets contextuels.* In Desmarais L et Lortie M (eds) La dynamique du transfert des connaissances. Perspectives centrées sur l'usager. Collection Santé et Sécurité du Travail, Éd. Presses de l'Université Laval, 201-215.

5-7, rue de l'École-Polytechnique, 75005 Paris

http://www.editions-harmattan.fr

ISBN : 978-2-343-20750-6
-EAN : 9782343207506

Hommages

Au Président Mamadou Dia

(18 juillet 1910 – 25 janvier 2009)

Il fut l'un des principaux leaders qui conduisirent le Sénégal à l'indépendance. Il présida aux destinées du Sénégal, sans discontinuité, de 1957 à 1960 sous le régime de la Loi-cadre, puis de 1960 à 1962 lorsque le Sénégal accéda à la souveraineté internationale. Durant son magistère, il s'évertua, avec courage et détermination, à s'émanciper de la tutelle française. Il fit preuve de vision et d'audace en mettant en place des politiques et programmes qui visèrent à favoriser l'émergence d'un nouveau type de Sénégalais. Il mit sur pied des politiques et programmes, inspirés du socialisme autogestionnaire, pour rompre avec le modèle économique et administratif hérité de la colonisation. Les multiples réformes entreprises partirent des besoins réels des populations sénégalaises qu'elles essayèrent de prendre en charge au mieux des ressources disponibles.

Parmi le florilège de mots et de qualificatifs utilisés, par ses collaborateurs et par ses contemporains pour le décrire, reviennent, fréquemment, un homme intègre, compétent, vertueux, volontariste, rigoureux, juste, progressiste, humble, laïc, humaniste, doté d'un sens de l'État, effacé, fidèle, ayant un franc-parler et visionnaire. Autant de qualités qui font cruellement défaut à nos dirigeants actuels. Même ses plus farouches détracteurs et adversaires, s'accordèrent sur ces qualités, mais le peignirent, aussi, comme étant un homme autoritaire, austère, ferme et pressé. Des défauts, qui se présentent aujourd'hui, à bien des égards, comme des qualités dans un pays où *« la République est à terre »*.

Dédicaces

Je dédie ce livre

- à la jeunesse africaine, particulièrement celle sénégalaise, qui rejette toute forme de domination extérieure et qui lutte pour une indépendance réelle du continent africain et du Sénégal à l'égard des anciennes puissances coloniales ;
- aux femmes et aux hommes, en France et ailleurs dans le monde, qui militent pour l'avènement de rapports plus égalitaires, plus respectueux et mutuellement bénéfiques entre tous les pays et, plus spécifiquement, entre la France et ses anciennes colonies africaines.

INTRODUCTION

Aux douze territoires d'outre-mer que compte officiellement la France[1], il faudrait y ajouter un treizième : le Sénégal. Cette assertion ne résulte pas d'une méconnaissance de la géographie ni d'une erreur quelconque, car il est connu que ce pays a accédé à la souveraineté internationale depuis 1960. Il s'agit, tout simplement, d'un constat.

La nouvelle dynamique de l'évolution du monde issue de la Seconde Guerre mondiale, conjuguée à l'accentuation des nombreuses luttes de libération, pacifiques et/ou armées, menées par les peuples colonisés, rendaient inéluctable la fin de la colonisation, en particulier celle que la France exerçait sur son empire africain. Cela d'autant plus que les colonies françaises d'Afrique noire ne faisaient pas exception dans ce contexte de frémissement intellectuel et de bouillonnement social.

Face à cette situation qui s'imposait à elle, la France n'avait trouvé d'autres moyens que d'organiser son départ de ses colonies, en leur accordant une indépendance de façade, tout en continuant à garder une mainmise sur elles dans l'ombre. À une exception près, les colonies françaises, y compris le Sénégal, n'ont eu droit qu'à une indépendance factice.

Cette combine française était évidente. Elle est bien mise en exergue par le Professeur Pierre Dabezies, ancien officier parachutiste des troupes de Marine formé à l'École militaire de Saint-Cyr, ancien directeur du Centre d'études politiques de défense et ancien président de la Fondation pour les études de défense nationale. Il écrit, à propos du rôle que la France continue de jouer dans ses ex-colonies, que *« la nature des engagements de la France aux côtés de ses alliés africains révèle l'existence d'un*

---

[1] Les 12 territoires d'outre-mer de la France sont : la Guadeloupe, la Guyane, la Martinique, La Réunion, Mayotte, La Nouvelle-Calédonie, La Polynésie française, Saint-Barthélemy, Saint-Martin, Saint-Pierre-et-Miquelon, les Terres Australes et Antarctiques Françaises et les îles de Wallis-et-Futuna.

choix politique précis, dans la continuité de la politique coloniale »[2]. Le fait que la France puisse continuer à exercer sa domination sur ses ex-colonies, bien qu'elles soient devenues, officiellement, indépendantes, était et continue d'être rendu possible qu'en favorisant, à leur tête, l'avènement d'hommes de paille. Pour gérer les susceptibilités, surtout celles des populations de plus en plus conscientes et exigeantes, la France veille à ce que tous ses actes visant à perpétuer sa domination soient bien enrobés, donc couverts de vernis et endossés par une élite politico-administrative locale à sa solde. C'est ce que le journaliste Pierre Péan qualifie de *« relations incestueuses »*[3]. En définitive, c'est le peuple le principal perdant dans ces relations incestueuses, car ses dirigeants pensent d'abord servir les intérêts de leur maître, en l'occurrence la France, avant de s'occuper de ceux qui les ont élus ou désignés.

Le Sénégal, sous l'égide du Gouvernement du Président Mamadou Dia (1960 – 1962), avait essayé de tracer son propre sillon de développement. Le Président Mamadou Dia a essayé, autant qu'il pouvait, de s'écarter de l'économie coloniale reçue en héritage pour tenter de refonder une nouvelle économie répondant aux besoins et préoccupations du peuple sénégalais. Malheureusement, son élan est stoppé net par un complot ourdi et mené, de main de maître, par le plus français des Sénégalais, le Président Léopold Sedar Senghor. Ce dernier et ses acolytes sénégalais avaient bénéficié de la complicité et de l'appui du puissant lobby de la bourgeoisie française au Sénégal symbolisé par le président d'alors de la Chambre de commerce, d'industrie et d'agriculture de Dakar (CCIAD). L'armée française basée dans la presqu'île du Cap-Vert (actuellement la région de Dakar) n'était pas en reste, comme le prouvent les télégrammes diplomatiques

---

[2] Dabezies Pierre (1980). Respect des souverainetés ou devoir d'intervention ? Le rôle de la France chez ses protégés africains. Le risque de se tromper de cible et de s'exposer au discrédit. Le Monde diplomatique, Avril 1980, pages 15 et 16

[3] Pierre Péan (2012). France-Afrique, Françafrique, France à fric ? Interview de Pierre Péan. Revue internationale et stratégique, 85(1), 117-124.

tirés des archives de Jacques Foccart, en recevant l'ordre d'intervenir tout en essayant de se rendre moins visible.

De 1963 à décembre 1980, la « préférence française » a guidé presque toutes les décisions économiques importantes du Président Senghor, même si les évènements de mai 1968, qui ont sérieusement ébranlé son pouvoir, étaient parvenus à faire infléchir, tant soit peu, cette doctrine. L'émergence fébrile d'une bourgeoisie nationale ainsi que la part progressive des opérateurs économiques nationaux dans le développement du pays n'ont pas empêché ni ralenti la mainmise des entreprises françaises sur l'économie nationale. La signature d'une convention d'établissement, en 1970, entre l'État du Sénégal et la Compagnie sucrière sénégalaise de Richard-Toll (CSS) en est une preuve éloquente. Elle a permis à cette compagnie de se tailler une situation de monopole, de fait, sur le marché national du sucre en plus des privilèges exorbitants qui lui sont accordés aux plans domanial, fiscal et douanier.

Par la suite, les entreprises françaises ont beaucoup profité de la vague de privatisation d'entreprises publiques sénégalaises réalisée par le régime du Président Abdou Diouf (1981 – 2000) sous la dictée des institutions de Breton-Woods dans le cadre de la mise en œuvre des plans d'ajustement structurel. Des entreprises publiques, rentables et à la gestion saine, sont liquidées au profit du capital français. C'est ainsi que, par exemple, 33,33 % du capital du fleuron national des télécommunications, la Société nationale des télécommunications (SONATEL) sont cédés à France Câbles Radio, filiale de France Télécom avant d'être portés, plus tard, à 42%. Idem pour la Sénégalaise des eaux (SDE), qui voit 50,5% de son capital passer aux mains de la SAUR International, filiale de Bouygues. On a assisté à cette période, dans plusieurs secteurs de l'économie nationale, la disparition de monopoles étatiques au profit de monopoles privés, essentiellement français.

Cette tendance a connu un répit avec l'avènement du régime du Président Abdoulaye Wade (2000 – 2012). Sa politique de diversification des partenaires économiques et financiers du Sénégal au profit notamment des pays arabes du Golfe, des pays du Maghreb (Maroc principalement), de l'Inde et, surtout de la Chine, a eu pour corollaire une perte d'influence des entreprises françaises au Sénégal. Cette perte d'influence est symbolisée, de façon représentative, par l'éviction du Groupe Bolloré du port de Dakar après 80 années de présence. C'est ainsi que le Groupe émirati DP World s'est vu attribuer un juteux contrat de concession pour gérer le terminal à conteneurs du Port autonome de Dakar (PAD) au détriment du Groupe Bolloré.

La présence des entreprises françaises au Sénégal s'est intensifiée avec l'arrivée au pouvoir, depuis 2012, du Président Macky Sall. Celles qui étaient déjà présentes ont vu leur position se renforcer. C'est le cas du Groupe EIFFAGE et celui de TOTAL, qui étend ses activités à l'exploration et à la production d'hydrocarbures offshore. Certaines qui étaient délogées de leur niche sont revenues par la grande porte à l'instar du Groupe Bolloré. D'autres sont accourues pour se tailler une place au soleil à l'image du Groupe ATOS et plus récemment du Groupe SUEZ. Tous les marchés publics d'importance sont captés par les entreprises françaises. Au mois d'avril 2020, un décompte a permis d'établir que 28 des 40 entreprises françaises ayant les plus fortes capitalisations boursières (CAC40) sont présentes au Sénégal. Soit 70% des entreprises du CAC40. Ce qui est énorme pour un petit pays comme le Sénégal ! Un classement des 100 premières entreprises au Sénégal selon le chiffre d'affaires dressé, en 2016, par l'Agence nationale pour la promotion des investissements et des grands travaux (APIX) révèle que 29 parmi elles sont françaises et que 2 des 3 entreprises qui trônent à la tête du classement (le premier et le troisième rang) sont également françaises. Le chiffre d'affaires de toutes les entreprises françaises implantées au Sénégal représente plus de 25 % du produit intérieur brut (PIB) du pays selon certaines estimations de sources françaises. Ce qui permet d'affirmer, sans ambages, que la France est la première entreprise du Sénégal ! D'autres parleront de néo-colonisation purement et simplement.

En plus de l'attention particulière dont elles jouissent auprès des autorités sénégalaises, l'implantation massive des entreprises françaises au Sénégal doit aussi à l'État français qui utilise, du mieux qu'il peut, les trois instruments d'intervention à sa disposition que sont la diplomatie, le développement international et ses forces militaires. Le réseau diplomatique de la France est, également, au service de l'économie française pour l'aider à faire face aux nombreux défis auxquels elle est confrontée. Tous les opérateurs de l'aide française au développement sont aussi mis à contribution pour arriver à un tel objectif. Le Groupe Agence française de développement (AFD) joue un rôle important dans ce dispositif de maillage et de consolidation des intérêts français (publics et privés) à travers le monde notamment au Sénégal. Il vient en appui, subtilement, mais de manière efficace et décisive, aux entreprises françaises pour décrocher des marchés dans les pays qui reçoivent l'aide publique française (prêts, subventions, dons, etc.). Le Sénégal ne fait pas exception. Au plan militaire, la signature d'un Traité instituant un partenariat en matière de coopération militaire entre les deux pays permet à la France d'implanter au Sénégal un pôle opérationnel de coopération à vocation régionale. Cela au prix d'un renoncement, par le Sénégal, de sa souveraineté sur les espaces abritant les forces militaires françaises.

Cette présence massive des entreprises françaises au Sénégal, qui contribuent pour 25% à la formation du PIB du pays, ne manque pas de poser de sérieux problèmes. On peut évoquer, entre autres, la possibilité, pour les entreprises françaises, de recourir à une conversion illimitée du franc CFA en euros ainsi que la garantie de transférer librement en France les revenus qu'elles ont engrangés au Sénégal en vertu des accords monétaires et financiers de la Zone Franc. Il y a aussi le fait que les entreprises sénégalaises sont quasiment réduites à la sous-traitance dans leur propre pays, car la majorité des contrats publics d'importance échoit aux entreprises étrangères notamment françaises. L'attribution de ces contrats publics donne lieu souvent à scandales tant leur contenu sont léonins et lèsent gravement les intérêts du Sénégal. Les deux contrats de recherche et de partage de production d'hydrocarbures offshore concédés à TOTAL E & P Senegal (une filiale du Groupe TOTAL) en constituent un frappant exemple. Ce qui pose la responsabilité, voire la complicité de l'élite politico-administrative sénégalaise dans ces processus d'attribution de contrats publics.

Pour aborder tous ces aspects, de façon exhaustive, une approche factuelle est privilégiée. Toutes les informations utilisées sont basées sur des données vérifiables par le lecteur à travers les sources fournies. Ces dernières sont variées et combinent, à la fois, des documents scientifiques relativement aux thématiques abordées, des documents émanant des institutions publiques des deux pays, des documents de la Banque centrale des États de l'Afrique de l'Ouest (BCEAO), des documents d'entreprise (la plupart des données fournies concernant les entreprises françaises sont tirées de leurs rapports annuels qu'elles ont, elles-mêmes, publiés et/ou de leurs sites internet), d'articles de magazines et de journaux majoritairement français et de quelques-uns africains ou sénégalais. La crédibilité et la fiabilité ont constitué les principaux critères ayant permis de retenir les informations utilisées. Après la collecte, le traitement et la présentation des données, on se livre à leur analyse et à leur interprétation. Les analyses sont effectuées à la lumière des connaissances scientifiques probantes ainsi que des normes et règles de l'art (juridiques, techniques, organisationnelles, etc.). Les interprétations sont faites dans un souci d'objectivité tout en gardant une liberté de ton inhérente à l'indépendance d'esprit. Il est possible que certains avis émis paraissent tranchés, voire sarcastiques. C'est un choix délibéré et assumé au nom de la liberté d'opinion, mais en veillant toujours à ce que les opinions exprimées soient fondées sur des faits avérés.

Le livre s'articule principalement autour de huit chapitres. Dans le premier, est dressée l'évolution de la présence des entreprises françaises au Sénégal en montrant notamment comment celle-ci s'est faite selon les différents régimes politiques qui se sont succédé au pouvoir depuis 1960. Le second chapitre fait l'état des lieux de la présence des entreprises françaises au Sénégal pour arriver au constat suivant : la France est la première entreprise du Sénégal. Il est montré, ensuite dans le chapitre troisième, comment le Sénégal est passé d'un État indépendant, en 1960, à une chasse gardée de la France tant et si bien que cette dernière semble tirer les ficelles à son avantage exclusif. Le quatrième chapitre se veut démonstratif en prouvant le caractère léonin des contrats publics octroyés aux entreprises françaises avec comme exemple pratique celui de recherche et de partage de production d'hydrocarbures offshore liant TOTAL E & P Senegal et l'État sénégalais. Dans le cinquième chapitre, on explique, à travers trois exemples concrets tirés de la réalité, comment les contrats de concession sont utilisés pour brider les intérêts économiques nationaux et favoriser des situations de monopole, de fait, pour les entreprises françaises. Ce qui permet, dans le chapitre sixième de passer en revue quelques-uns des principaux scandales qui ont jalonné l'implantation des entreprises françaises au Sénégal et, surtout, le rôle de complice que joue l'élite politico-administrative sénégalaise. Le septième chapitre analyse le mode opératoire de la domination économique de la France sur le Sénégal à travers les trois moyens généralement utilisés par l'État français : les moyens d'intervention diplomatiques, économiques et militaires. Enfin, dans un huitième et dernier chapitre, on revient sur le sort réservé aux membres de l'élite politico-administrative du Sénégal qui ont voulu se montrer indépendants à l'égard de la France en prenant l'exemple de la chute du Président Mamadou Dia intervenue en décembre 1962.

Chapitre 1

Évolution de la présence des entreprises françaises au Sénégal

La présence des entreprises françaises au Sénégal prend ses racines dans la période coloniale et s'est poursuivie bien après celle des indépendances. Elle est née et a accompagné la domination française, voire en être un de ses instruments. Après l'indépendance du Sénégal, intervenue en 1960, jusqu'à aujourd'hui, la présence des entreprises françaises s'est effectuée en dents de scie. Si une partie des variations enregistrées dans l'implantation des entreprises françaises au Sénégal est en lien avec la conjoncture et les opportunités économiques du moment, il est aisé de constater, à partir de faits empiriques, que beaucoup de ces variations étaient fonction de la personnalité des différents chefs de l'Exécutif[4] et de leur degré d'accointance avec les dirigeants français. C'est ainsi que, de Mamadou Dia (1960 – 1962) à Macky Sall (de 2012 à nos jours) en passant par Léopold Sedar Senghor (1963 – 1980), Abdou Diouf (1981 – 2000) et Abdoulaye Wade (2000 – 2012), les différentes politiques gouvernementales menées n'ont pas eu la même considération à l'égard des intérêts de la France et ceux des entreprises françaises au Sénégal. Le rôle de la France ainsi que la place de ses entreprises dans l'économie sénégalaise postindépendance, ont donc varié selon que le chef de l'Exécutif sénégalais se montre

---

[4] Il est préféré ici la notion de Chef de l'Exécutif, moins restrictive, que celle de Chef de l'État pour mieux mettre en exergue la fonction qui détermine les politiques publiques ou en inspire leur détermination. Si, aujourd'hui cette question ne se pose pas, et cela depuis 1963 avec l'avènement de Constitutions d'essence présidentielle ou présidentialiste, cela n'a pas été toujours le cas. En effet, de 1960 à 1962, le véritable chef de l'Exécutif, qui gouvernait le Sénégal, de fait, était le Président du Conseil et non le chef de l'État.

soucieux d'instaurer des relations équilibrées entre deux pays indépendants ou accepte de jouer le rôle d'un vassal.

Il sera décrit et analysé, dans le présent chapitre, la place des entreprises françaises implantées au Sénégal dans l'économie nationale du pays depuis 1960. Auparavant, il sera rappelé celle qu'elles avaient occupée à l'époque esclavagiste puis durant tout le temps de la colonisation.

1.1 L'époque coloniale : le Sénégal, un droit de propriété de la France

Comme l'a souligné le professeur Alain Sinou[5], il serait restrictif de limiter la présence coloniale de la France en Afrique occidentale à la seule période de son impérialisme dans cette partie du monde (milieu du XIXe siècle jusqu'à la vague des indépendances en 1960). Il estime pertinent d'inclure dans la période coloniale française celle qui part de la date de la pénétration, avec l'établissement des premiers comptoirs (milieu du XVIIe siècle), jusqu'au début de l'impérialisme, c'est-à-dire au lendemain de l'abolition de l'esclavage. Ce qui amène, donc, à diviser la période coloniale française en Afrique occidentale en deux parties distinctes, mais non discontinues : une première qui correspond à celle de l'esclavage et une seconde qui se confond avec l'époque impérialiste.

Durant la période esclavagiste, les relations économiques de la France avec son empire colonial s'articulaient, principalement, autour de la traite humaine et accessoirement du commerce de la gomme selon le professeur Samir Amin[6]. Les sujets de l'Empire français étaient ravalés au rang d'objets économiques sur lesquels leurs propriétaires avaient tous les droits notamment celui de les vendre. C'était la période d'économie de traite, centrée sur le

[5] Sinou Alain (1993). Comptoirs et villes coloniales du Sénégal. Saint-Louis, Gorée, Dakar. Éditions KARTHALA et ORSTOM, Paris, 364 p.

[6] Amin Samir (1969). Renaissance et vicissitudes du grand commerce sénégalais : (À partir de 1958). Dans Samir Amin (1969). Le monde des affaires sénégalais. Éditions de Minuit, Paris, p. 30-47

commerce des esclaves qui n'impliquait pas une occupation territoriale d'après le professeur Sinou[7]. Cette époque coloniale a vu aussi l'implantation des comptoirs de commerce français le long des axes de communication. En plus de la traite négrière, les relations économiques entre la France et son empire colonial étaient bâties sur le modèle commercial suivant : exportation, de la métropole vers les colonies, d'alcools, de tabacs, d'armes et de diverses pacotilles et, en retour, importation de quelques produits comme la gomme. Le Sénégal ne faisait pas exception.

La période impérialiste, qui est sous-tendue par l'exploitation des richesses naturelles des colonies, va se traduire par une occupation territoriale visant à favoriser notamment le commerce. C'est ainsi que se sont développées plusieurs enseignes commerciales dont les noms restent jusqu'à présent évocateurs : Maurel & Prom, Peyrissac, Delmas, etc. C'est dans ce contexte que l'arachide fut introduite au Sénégal. Sa production va s'intensifier, par la suite, au détriment des cultures vivrières en entraînant d'importants bouleversements.

Outre la prospérité croissante des maisons de commerce françaises, l'imposition de l'arachide, comme principale culture de rente, va favoriser le développement d'une classe de traitants (négociants). Elle a conduit, au lendemain de la Première Guerre mondiale, à la création d'unités industrielles, essentiellement des huileries, dont la fonction première était de satisfaire le marché de la métropole en huile brute. Selon le géographe français et historien de l'Afrique, Jean Suret-Canale[8], l'industrie des oléagineux, principalement composée d'huileries et de leur complément que sont les savonneries, a pris un important essor dans l'économie de l'Afrique occidentale française (AOF), particulièrement dans celle de la colonie sénégalaise. Les premières industries oléagineuses se sont implantées à partir de 1921 dans les principales zones de production arachidière ainsi

[7] Sinou Alain (1993). *Op. cit.*

[8] Suret-Canale Jean (1950). L'industrie des oléagineux en A.O.F. Cahiers d'outre-mer, N° 11— 3e année, Juillet-septembre 1950, p. 280-288

qu'aux alentours du port de Dakar (la SODEC à Lyndiane, Lessieur-Afrique et les établissements Petersen à Dakar, la SEIB à Diourbel, etc.). D'autres activités s'étaient aussi développées en rapport avec l'huilerie (comme par exemple la création de la FUMOA, une compagnie spécialisée dans la fabrication de futs métalliques, ou la NSOA, Nouvelle savonnerie Ouest africaine) ou en dehors de celle-ci : commerce général, transport, banques, services, etc. Elles ont été nombreuses les compagnies françaises qui avaient vu le jour à cette période. D'après le professeur Xavier Daumalin[9], la Compagnie française de l'Afrique occidentale (CFAO) et sa rivale, la Société commerciale de l'Ouest africain (SCOA), étaient parmi les acteurs majeurs des relations économiques entre la France et son empire colonial ouest-africain notamment la colonie sénégalaise. Le professeur Samir Amin[10] précise que le secteur du commerce, à la veille de l'indépendance, était dominé, aux côtés de la CFAO et de la SCOA, par d'autres maisons françaises telles que Maurel et Prom, Buhan et Teisseire, Devès et Chaumet, Maurel Frères, Chavanel, Soucail, etc.

Un lobby patronal, que d'aucuns ont qualifié de *« patronat colonial »*, s'est progressivement développé au fur et à mesure que se densifiait l'implantation économique française en AOF, particulièrement à Dakar. Le Professeur d'histoire contemporaine, Jean-François Klein, spécialiste notamment de l'histoire coloniale préfère, pour sa part, parler de *« patronat impérial »*[11], qu'il trouve moins restrictif que le concept de *« patronat colonial »*. En effet, selon le professeur Klein, la notion de *« patronat impérial »* permet de prendre en compte, dans l'analyse des relations entre la

---

[9] Daumalin Xavier (2008). Le patronat marseillais face à la politique de la préférence impériale (1931-1939). In: L'esprit économique impérial (1830-1970). Groupes de pression & réseaux du patronat colonial en France & dans l'empire. Paris : Société française d'histoire d'outre-mer, 2008. p. 287-306

[10] Amin Samir (1969). *Op. cit.*

[11] Klein Jean-François (2012). Du patronat colonial au patronat impérial. Un changement de paradigme. Vingtième Siècle, Revue d'histoire, 2012/2 N° 114, p. 67-81

France et son empire colonial, les activités de tous ces banquiers, industriels ou négociants qui, quoique installés en métropole, exerçaient une influence dans la conduite des affaires dans les colonies. Par exemple, les grandes maisons de commerce bénéficiaient de l'appui des milieux bancaires français à travers l'ouverture de lignes de crédit pour financer leurs activités. Ce lobby patronal s'était organisé autour de chambres de commerce (Gorée, Saint-Louis, Rufisque, Dakar, Kaolack, Ziguinchor) à partir de 1870 et d'associations professionnelles regroupant plusieurs investisseurs et employeurs français.

Les associations professionnelles étaient de deux types. Il y avait celles qui agissaient en Métropole auprès des autorités parlementaires et gouvernementales notamment le ministère chargé des colonies. On peut en citer, à titre d'exemple, le Syndicat de défense des intérêts de la Côte occidentale et le Syndicat général de l'industrie cotonnière. Il y avait, aussi, les associations professionnelles qui évoluaient sur le terrain et qui intervenaient en véritables syndicats d'employeurs tels que l'Union des Syndicats d'industrie (UNISYNDI) et le Syndicat des commerçants, importateurs et exportateurs (SIMPEX). Ce lobby patronal (à l'intérieur et à l'extérieur des colonies) était puissant. Il participait activement à l'exploitation des richesses des colonies même si on pouvait noter des différences entre ses membres en termes d'intérêts et de stratégie. Selon le Professeur Samir Amin[12], au niveau du commerce, il est arrivé que les membres de ce lobby se liguent pour faire disparaître de potentiels concurrents sénégalais à l'aide de méthodes déloyales notamment le dumping. C'est ainsi que plusieurs traitants sénégalais, qui s'étaient investis dans le secteur du commerce, se sont retrouvés ruinés à cause de ces pratiques. Il ne leur restait plus que la possibilité de se faire embaucher par les maisons de commerce françaises ou par l'administration coloniale.

[12] Amin Samir (1969). *Op. cit.*

1.2 De 1960 – 1962 : Tentatives de limitation du poids économique de la France

Au lendemain de l'accession du pays à la souveraineté internationale, l'économie reposait essentiellement sur les activités liées à la production, à la commercialisation et à la trituration de l'arachide. Dans un dossier consacré au Sénégal, en juin 1965, le Monde diplomatique écrit que la filière arachidière représentait près de 40 % des recettes directes et indirectes du budget national, plus de 80 % des recettes d'exportation et 70 % du revenu monétaire des paysans du pays[13]. Le paysan, moteur de la production arachidière, n'y gagnait rien : il s'endettait auprès d'un traitant, principal relais des entreprises oléagineuses détenues majoritairement par des capitaux français, pour vivre pendant la période de soudure et pour obtenir des semences en début d'hivernage. À la fin des récoltes, il était obligé de vendre la totalité de celles-ci au même traitant, qui prélevait, au passage, toutes les créances qu'il détenait sur lui. Le paysan se retrouvait, après une année de labeur, au même point. Il se voyait enfermé dans un système d'engrenage dont il ne pouvait plus sortir : travailler pour payer ses dettes, condamné à travailler pour demeurer dans la pauvreté. C'est cette situation, préjudiciable aux Sénégalais et à l'économie nationale, que le Président du Conseil, Mamadou Dia, a essayé de mettre fin à travers la mise en place de nombreuses et audacieuses réformes.

En effet, le Président Mamadou Dia était convaincu que la sortie du sous-développement et de la pauvreté dans laquelle était confinée une grande partie de la masse paysanne, passait inéluctablement par des changements profonds. Par conséquent la construction d'une économie de développement passait, inéluctablement, par la déconstruction de l'économie de traite reçue de la colonisation en héritage. Il s'est ainsi attelé à la démanteler en mettant en place des coopératives paysannes

---

13 Le Monde diplomatique (1965). La protection de l'arachide, support de l'économie sénégalaise. Le Monde diplomatique, juin 1965, p. 13

conçues comme des entités de base d'où partirait le développement qui se voulait endogène.

L'animation rurale se voyait assigner un rôle important pour aider au succès des réformes entreprises notamment en faisant émerger de nouveaux leaders communautaires. Elle consistait à offrir aux communautés rurales des services de formation et d'encadrement pour faire des paysans sénégalais de véritables acteurs du développement. Selon le Professeur Assane Diakhaté[14], la stratégie du Président Mamadou Dia était de donner le pouvoir au paysan en lui permettant, grâce à une conscientisation, de comprendre le système, qui opprime les masses (aussi bien paysannes qu'urbaines) dans le but de pouvoir le contrôler. La finalité de l'animation rurale était donc, d'après le Professeur Diakhaté, de façonner un sénégalais de type nouveau, conscient de sa situation et de ses nouvelles responsabilités (passage de la colonisation à l'indépendance).

La mise en place des coopératives et de l'animation rurale s'était accompagnée d'une réforme des structures administratives ainsi que la création de nouvelles institutions pour soutenir et encadrer cet élan notamment l'Office de commercialisation agricole (OCA) et la Banque sénégalaise de développement (BSD). L'architecture institutionnelle mise en place comptait beaucoup sur la synergie de ces deux organismes pour la réussite des réformes : l'OCA était chargé d'organiser le marché des produits agricoles en les achetant directement auprès des paysans et la BSD avait pour rôle de faciliter l'accès au crédit aux paysans et à leurs coopératives.

Cet élan volontariste et réformiste, qui va sous-tendre toutes les politiques initiées par le Président Mamadou Dia, commençait à remettre en cause plusieurs intérêts bien établis. Les réformes

---

[14] Diakhaté Assane (2015). L'animation rurale pour l'émancipation des populations : des perspectives pour le développement du Sénégal. Animation, territoires et pratiques socioculturelles (ATPS). Revue numérique internationale, 2015, n° 8, p. 55-62. Saisi de : https://edition.uqam.ca/atps/article/view/488

touchaient les intérêts des personnes qui, il y a peu, constituaient le patronat et la bourgeoisie coloniales. Ces personnes puissantes, détenaient les principaux leviers de l'économie d'un Sénégal nouvellement indépendant et avaient, entre leurs mains, la Chambre de commerce et d'industrie de Dakar. Les marabouts, considérés comme les *« seigneurs de l'arachide »*[15] ainsi que les traitants, se voyaient aussi menacés dans leurs intérêts, car les paysans n'avaient plus besoin de passer par eux notamment pour emprunter ni pour vendre leur production. Bref, la fin de l'économie de traite était synonyme de celle de leur existence. Les politiques d'austérité et de transparence dans la gestion des ressources publiques initiées par le Président Mamadou Dia vont dresser, également contre lui, certains hommes politiques et agents de la nouvelle fonction publique locale. Tous ces intérêts menacés finiront par se coaliser pour empêcher le Président Mamadou Dia d'arriver à ses fins.

La tonalité socialiste que le Président Mamadou Dia donnait ses politiques n'avait pas rassuré les Français ni le Président Senghor. Ses initiatives pour fédérer les pays ouest-africains, anciennes colonies françaises, sur la nécessité de réduire l'influence française dans la gestion du franc CFA et d'obtenir plus d'autonomie pour mener des politiques monétaires, avaient déplu à la France. Ses tentatives d'ouverture vers d'autres pays, pour ne pas être à la merci de la France, avaient fini par installer la méfiance entre lui et les autorités de ce pays et commençaient à amonceler quelques nuages dans ses relations avec Senghor, pour qui, il n'y a point de salut en dehors de la France.

En décembre 1962, le Président Mamadou Dia va payer le prix de son audace et de sa volonté de s'affranchir de la tutelle

---

[15] Colin Roland (2016). Les communautés de bases face à la modernisation démocratique : un enjeu décisif des stratégies politiques et sociales postcoloniales. La chaîne des animations participatives» en Afrique, comme objet de recherche (p. 296). Dans Marina Lafay, Françoise Le Guennec-Coppens et Élisée Coulibaly (dir). Regards scientifiques sur l'Afrique depuis les Indépendances. Éditions Karthala, 492 pages.

française avec sa chute suivie de son emprisonnement, à la suite d'une crise politique aux relents d'un complot de liquidation. En effet, des parlementaires sénégalais, en collusion avec les intérêts français, ont déposé une motion de censure contre le gouvernement du Président Mamadou Dia après que celui-ci ait demandé le vote d'un projet de loi visant la création de nouvelles chambres consulaires. Les discussions autour de la légitimité et de la légalité du vote de cette motion de censure ont fini, très rapidement, à installer une crise politique au sommet de l'État, laquelle finit par sa chute suivie de son emprisonnement. Pour rappel, le projet de loi déposé par le Président Mamadou Dia et qui lui a valu une motion de censure, visait à faciliter l'accès et la représentativité des acteurs économiques nationaux notamment ceux issus de l'artisanat et de l'économie rurale dans les chambres consulaires qui continuaient à être aux mains du patronat français.

1.3 De 1963 à 1980 : les intérêts français d'abord

Au lendemain de la crise de décembre 1962, le Président Léopold S. Senghor s'arroge toutes les commandes de l'État à la faveur de plusieurs réformes institutionnelles et d'une nouvelle Constitution (celle du 7 mars 1963), qui consacre le régime de type présidentiel.

Jusqu'aux évènements de Mai 68, toutes ses décisions économiques sont allées dans le sens du renforcement de la mainmise française sur l'économie nationale. La stratégie consistant à mettre en place une industrie de substitution aux importations se révèle, en fait, selon le Professeur Moustapha Kassé, ancien Doyen de la Faculté des sciences économiques de l'UCAD, comme une *« continuité du modèle industriel hérité de la colonisation (qui) a davantage contribué à créer des rentes de situation, principalement au profit d'industriels étrangers »*[16].

L'omniprésence du patronat français était perceptible dans les principaux secteurs économiques du pays. Elle traduisait

---

[16] Kassé Moustapha (2015). L'économie du Sénégal. Les 5 défis d'un demi-siècle de croissance atone. L'Harmattan, Paris, p. 110

l'hégémonie et l'influence de l'establishment français à travers la Chambre de commerce, d'industrie et d'agriculture de Dakar (CCIAD). Ce qui fait dire au Professeur et historien Abdoulaye Bathily que les évènements de Mai 68 étaient aussi *« une révolte de fond contre la domination néocoloniale française »*[17]. En effet, dans ses mémoires, le Professeur Amady Aly Dieng note que parmi les causes immédiates des évènements de Mai 68, figurait *« l'incapacité du gouvernement de Senghor à répondre, de façon positive, aux aspirations des masses ; le Sénégal, qui en est à son deuxième plan, n'enregistre pas de progrès sensibles dans les secteurs importants de l'agriculture, de l'industrie et du commerce, ces deux derniers secteurs étant le quasi-monopole du capital étranger »*[18]. Cette politique de perpétuation de la domination des compagnies françaises, comme au temps de la colonisation, est fortement contestée par quelques opérateurs économiques nationaux, qui se sont regroupés pour mettre sur pied l'Union des groupements économiques du Sénégal (UGES).

Après les évènements de Mai 68, le Président Senghor lâche du lest *« en créant les conditions d'éclosion d'une classe d'affaires nationale »*[19] selon le professeur Bathily. La domination de l'économie sénégalaise par les compagnies françaises était toujours d'actualité, mais elle est atténuée par un certain nombre de mesures d'essence nationaliste : plus de place pour les opérateurs économiques nationaux dans les chambres consulaires

---

[17] Bathily Abdoulaye (2018). Mai 68 a contraint Senghor à accepter le pluralisme politique. Interview. Propos recueillis par Francis Kpatindé. Le Monde, article publié le 08 mai 2018 et saisi de : https://www.lemonde.fr/afrique/article/2018/05/08/abdoulaye-bathily-mai-68-a-contraint-senghor-a-accepter-le-pluralisme-politique_5296075_3212.html

[18] Dieng Amady Aly (2011). Mémoires d'un Étudiant Africain. De l'Université de Paris à mon retour au Sénégal (1960-1967). Volume 2, CODESRIA, p. 91

[19] Bathily Abdoulaye (2018). *Op. cit.*

en plus de leur faciliter l'accès au crédit bancaire, nationalisation de certains secteurs stratégiques (eau, électricité), etc.

Cette tendance du Président Senghor à privilégier les intérêts français au détriment de ceux qui l'ont élu et porté à la tête de l'État sénégalais trouve, en partie, une explication dans l'idée qu'il s'est toujours faite de la France en essayant de se montrer toujours plus gaulois qu'un Français de souche. Ousmane Camara, ancien magistrat et plusieurs fois ministre sous le règne de Senghor, en donne une description saisissante dans ses mémoires :

« au bout des dix-sept ans où j'ai côtoyé presque quotidiennement le Président Senghor, j'ai observé ses faits et gestes. (...) Senghor ne voyait le salut que dans la France. (...) Senghor avait placé le développement de son pays entre des mains uniquement françaises. Il avait tout accordé aux entreprises françaises en refusant tout aux autres. Ses conseillers, tous français, ont moins réfléchi aux moyens d'assurer un développement durable au Sénégal qu'à veiller jalousement à la sauvegarde des intérêts et privilèges français »[20].

Ce témoignage, d'une crédibilité hors de tout doute, confirme deux choses importantes que dénonçaient les intellectuels et universitaires sénégalais marqués à gauche à cette époque : d'une part, c'était la France qui continuait d'administrer le Sénégal et, d'autre part, Senghor était le plus français des Sénégalais.

1.4 De 1980 à 2000 : privatisation des entreprises publiques au profit du capital français

Cette période a coïncidé avec le règne du Président Abdou Diouf, qui a été, auparavant (de 1970 à 1980), Premier ministre du Président Léopold S. Senghor.

La dégradation préoccupante de l'économie sénégalaise au début des années 80 avait conduit les pouvoirs publics à mettre en place une politique d'ajustement structurel pour lutter contre le

[20] Camara Ousmane (2010). Mémoires d'un juge africain. Itinéraire d'un homme libre. Éditions Karthala - Crepos, p. 225-226

déficit chronique des finances publiques et de la balance des paiements, l'augmentation généralisée et continue des prix, l'accroissement du chômage surtout chez les jeunes notamment ceux nouvellement diplômés, etc. Selon le Professeur d'économie Makhtar Diouf, *« les premières mesures de redressement sont prises en 1979, avec un Plan de stabilisation à court terme d'un an ; il sera suivi par un Plan de redressement économique et financier (1980/85) et un Plan d'ajustement à moyen et long terme (1986192) »*[21]. La mise en œuvre de ces mesures d'ajustement a entraîné des conséquences économiques et sociales désastreuses, lesquelles avaient conduit à la mise en place d'une politique de privatisation des entreprises du secteur public.

Cette politique de privatisation a amené l'État sénégalais à se départir de l'essentiel de son portefeuille d'entreprises publiques au profit du secteur privé en prônant le slogan *« moins d'État, mieux d'État »*[22] comme le rappelle le professeur Olivier Sagna, spécialiste des sciences de l'information. En réalité cette dynamique de privatisation avait déjà connu une première vague, en 1987, durant laquelle pas moins de 28 entreprises publiques avaient été privatisées.

Analysant les privatisations intervenues au début des années 1990, l'économiste sénégalais Tom Amadou Seck affirme que *« les entreprises françaises ont été les plus favorisées et se trouvent en situation hégémonique dans les différents secteurs de l'économie : eau, téléphone, électricité, transport, secteur bancaire »*[23]. Ce que confirme la députée française Martine Aurillac dans son rapport présenté à l'Assemblée nationale

---

[21] Diouf Makhtar (1992). La crise de l'ajustement. Politique africaine, N° 45, mars 1992, p. 62-85

[22] Sagna Olivier (2010). Privatisation, libéralisation, régulation. La réforme des télécommunications au Sénégal. Afrique contemporaine. 2010/2, n° 234, p. 113-126

[23] Seck Tom Amadou (2000). Débat autour des privatisations sénégalaises. Monde diplomatique, mai – juin 2000. Article consultable (abonnés) sur le site du journal : https://www.monde-diplomatique.fr/mav/51/SECK/55587

française lors de l'examen du projet de loi visant à ratifier une convention sur la protection des investissements conclue entre le Sénégal et la France lorsqu'elle écrit *« les récentes privatisations sénégalaises ont attiré les entreprises françaises dans différents secteurs comme l'eau (groupe Bouygues), les télécoms (France Télécoms), l'énergie (Total), le tourisme et l'hôtellerie (Accor) »*[24].

C'est ainsi qu'en 1997, France Câbles Radio, filiale de France Télécom, s'est fait adjuger 33,33 % du capital de la Société nationale des télécommunications (SONATEL) en qualité de partenaire stratégique. La SONATEL faisait partie du fleuron national et n'avait rien d'un *« canard boiteux »*[25] selon Olivier Sagna. En vertu d'une convention conclue avec l'État, en 1997, la SONATEL a bénéficié, jusqu'en 2004, d'un monopole de fait sur les services de télécommunication de base faisant dire à celui-ci que *« la privatisation de la SONATEL et la libéralisation du marché (des télécommunications) ont eu pour principal résultat de substituer un monopole privé étranger à un monopole public national »*[26]. Plus tard, la firme française a pu renforcer son emprise sur la compagnie. Aujourd'hui, la compagnie Orange détient 42% du capital de la SONATEL.

La restructuration du sous-secteur de l'hydraulique urbaine, intervenue en 1996, a profité à une filiale de Bouygues et d'Électricité de France (EDF), la SAUR International. Cette société française a pu mettre la main sur 50,5% du capital de la Sénégalaise des eaux (SDE) à qui l'État du Sénégal avait confié,

---

24 Aurillac Martine (2009). Rapport sur le projet de Loi n° 1489, autorisant l'approbation de l'accord entre le Gouvernement de la République française et le Gouvernement de la République du Sénégal sur la promotion et la protection réciproques des investissements. Rapport N° 1666, p.15. Commission des affaires étrangères. Assemblée nationale de la République française. Rapport téléchargeable sur le site de l'Assemblée nationale française : http://www.assemblee-nationale.fr/13/pdf/rapports/r1666.pdf

25 Sagna Olivier (2010). *Op. cit.*

26 *Ibid.*

jusqu'au 31 décembre 2019, par le biais d'un lucratif contrat d'affermage, l'exploitation et la gestion du service public de l'eau potable en milieu urbain.

Dans le secteur agro-alimentaire, la libéralisation de l'agriculture avait conduit l'État du Sénégal à inscrire la Société nationale de commercialisation des oléagineux du Sénégal (SONACOS) et la Société de développement et des fibres textiles (SODEFITEX) sur la liste des entreprises à privatiser. Le processus de leur privatisation a débuté dans les années 90 et a connu plusieurs soubresauts, notamment des échecs, avant de se réaliser quelques années plus tard (au début des années 2000). La privatisation de ces deux entreprises publiques n'a profité qu'au capital français. C'est ainsi 51% du capital de la SODEFITEX est allé à une filiale du Groupe ADVENS, la société GÉOCOTON (anciennement Compagnie Française de Développement des Fibres Textiles — CFDT —, puis Développement des Agro-industries du Sud — DAGRIS —). Le même scénario s'est répété avec la privatisation de la SONACOS où le Groupe ADVENS a raflé la mise en acquérant 66,9% du capital pour une bouchée de pain.

1.5 De 2000 à 2012 : une politique de diversification qui réduit la présence française

Avec l'avènement de la première alternance politique, qui a porté le Président Abdoulaye Wade au pouvoir, en l'an 2000, jusqu'à son départ en 2012, le Sénégal a essayé de s'ouvrir à d'autres pays tels que la Chine, l'Inde, les pays du Golfe et le Maroc.

L'entrée de la Chine sur le marché économique sénégalais a été favorisée, comme partout dans les autres pays du continent africain, par l'approche nouvelle que propose ce partenaire : au plan politique, pas d'immixtion dans les affaires intérieures et, au plan économique, offre de solutions *« clés en mains »* (financement puis réalisation par des entreprises et la main d'œuvre chinoises). Selon l'universitaire Serge Banyongen[27], c'est faute d'avoir réussi à attirer l'attention des États-Unis, à l'entame de son premier mandat, que le Président Abdoulaye Wade s'est tourné vers la Chine pour l'utiliser comme un instrument de transformation des relations entre le Sénégal et son ancienne puissance tutélaire. Ce qui lui a permis, également, de se passer des Institutions de Bretton-Woods qui associent leur appui financier à de nombreuses conditionnalités souvent attentatoires à la souveraineté nationale. C'est ainsi que des entreprises chinoises se sont vu confier des travaux d'envergure notamment ceux de la modernisation de la ville sainte de Touba (voirie, assainissement, hydraulique et électrification) d'un coût de 100 milliards de francs CFA et de l'autoroute Ila Touba d'une longueur de 115 kilomètres au coût de 416 milliards de francs CFA.

Quant à l'Inde, la coopération sud-sud a été le vecteur de son implantation au Sénégal. Outre le contrôle des Industries chimiques du Sénégal (ICS) à travers l'Indian Farmers Fertilizer Cooperative Limited (IFFCO) et l'achat de toute la production d'acide phosphorique des ICS, l'Inde agit aussi comme un important fournisseur de matériels et d'équipements agricoles dans le cadre de grands programmes d'investissements du secteur de l'agriculture comme celui de la Grande offensive agricole pour la nourriture et l'abondance (GOANA).

L'ouverture de l'économie sénégalaise sous l'ère du Président Wade s'est faite, aussi, au cours de cette période, vers les entreprises des pays du Golfe. C'est ainsi que Dubaï Ports World (Émirats arabes unis) s'est vu accorder la concession du terminal à conteneurs du port de Dakar et le Saudi Binladin Group (Royaume d'Arabie Saoudite) la construction du nouvel aéroport Blaise Diagne à Diass. Le groupe marocain Attijariwafa Bank a racheté, en 2007, l'intégralité des parts du groupe Mimran, actionnaire majoritaire (79,15 % du capital) de la Compagnie

---

[27] Banyongen Serge (2017). *Instrumentalisation de la coopération chinoise et transition politique au Sénégal : analyse de l'ère Wade.* Canadian Journal of African Studies / Revue canadienne des études africaines, 51:2, 199-216

bancaire pour l'Afrique occidentale (CBAO) classée première banque du Sénégal.

Pour le journaliste spécialisé en économie, Amadou Oury Diallo[28], cette période d'ouverture initiée par le Président Wade correspond à une perte de vitesse des entreprises françaises au Sénégal. Par exemple, la concession de vingt-cinq années accordée à Dubaï Ports World s'est effectuée au détriment du Groupe Bolloré, présent au Sénégal depuis 1927, soit plus de quatre-vingts ans. Ce qui entraînait une perte substantielle du chiffre d'affaires que le groupe français réalisait dans le pays. La même perte de terrain est constatée chez les deux principales filiales de banques françaises au Sénégal (Société générale et Banque Nationale de Paris) avec l'implantation du groupe marocain Attijariwafa Bank, qui devient, en termes de résultats, la première banque du Sénégal.

1.6 Le grand retour des entreprises françaises : la recolonisation économique

Depuis 2012, on constate une présence, de plus en plus importante, tant du point de vue du nombre que celui du montant des contrats décrochés, des entreprises françaises au Sénégal. Ce regain de la présence des entreprises françaises est favorisé par le démarrage concomitant de nombreux programmes d'investissements massifs et multisectoriels articulés autour Plan Sénégal émergent (PSE). Selon Amadou Oury Diallo, *« ce retour remarqué des groupes français remonte à l'arrivée aux affaires du président sénégalais (NDLR : MackySall) »*[29].

C'est ainsi que Bolloré Africa logistics est revenu au Port de Dakar en se voyant attribué, le 28 novembre 2013, la concession

[28] Diallo Amadou Oury (20017). Infrastructures : le retour en force des groupes français au Sénégal. Jeune Afrique. Article mis en ligne le 02 mars 2017 sur le site du journal : https://www.jeuneafrique.com/mag/404769/economie/infrastrucures-retour-force-groupes-francais-senegal/

[29] *Ibid.*

du terminal roulier, *« Roll on Roll off »* (Roro), pour une durée de vingt-cinq années. Durant cette période, il doit réaliser l'allongement et l'approfondissement des quais pour accueillir des navires de plus grandes capacités ainsi que la construction d'un parking de 30 000 m^2. Le 27 novembre 2013, soit vingt-quatre heures avant le retour acté de Bolloré Africa logistics au Port de Dakar, le groupe NECOTRANS, a bénéficié de l'État sénégalais, d'une concession de vingt-cinq pour gérer le terminal vraquier du Port de Dakar par où transite les matériaux pondéreux non alimentaires (phosphates, ciment, minerais, etc.). Un lucratif contrat en contrepartie d'investissements à réaliser somme toute modestes.

Le *big deal* ou le jackpot des entreprises françaises au Sénégal, sous l'ère Macky Sall reste, sans aucun doute, le projet de réalisation d'un train express régional (TER) qui reliera Dakar à l'aéroport international de Diass en passant par Diamniadio, soit une distance de 57 km parsemée de 14 stations. En effet, lors de sa visite d'État en France, en décembre 2016, le Président Macky Sall s'est transformé en père Noël pour les 850 travailleurs de l'usine Alstom de Reichshoffen menacée de fermeture, faute de commandes. L'État du Sénégal passe commande au Groupe Alstom quinze TER de type Coradia Polyvalent bi-mode, diesel et électrique, de quatre voitures chacun. Le Président de la République s'est rendu sur place, le 19 décembre 2016, pour visiter l'usine et officialiser le contrat.

Le projet TER bénéficie d'un prêt de l'État français par le biais du Groupe AFD d'un montant de 200 millions d'euros (plus de 131 milliards de francs CFA). La construction et la livraison des 15 TER impliqueront, en plus du Groupe Alstom, deux autres groupes français que sont ENGIE et THALES. Le prix d'acquisition de ces 15 TER s'établit à 225 millions d'euros (un peu plus de 147 milliards de francs CFA). La construction des 57 km de voies ferrées est confiée au groupe EIFFAGE pour un montant de 373,5 millions d'euros, soit près 245 milliards de francs CFA. Et, cerise sur le gâteau, c'est deux compagnies de transport françaises, la Régie autonome des transports parisiens

(RATP) et la Société nationale des chemins de fer français (SNCF) qui seront chargées d'assurer l'exploitation et la maintenance de la ligne.

Tout cela ressemble aux frasques d'un nouveau riche qui rentre dans un magasin de cadeaux, en cette veille de Noël et, pour épater la galerie et dissimuler son émerveillement, il ramasse tout ce qui lui tombe sous les bras sans en avoir nécessairement besoin. Sauf que, à la différence près, l'argent qu'il dépense lui a été prêté en partie et que, ultimement, c'est le peuple qui paiera la note !

Officiellement, un tel projet coûterait au Sénégal, d'après les chiffres officiels communiqués par le Gouvernement, *« au total 656 milliards (568 milliards au début et un avenant de 88 milliards, soit 15% du coût de départ) »*[30]. Il convient de signaler que ces montants sont hors taxes et hors douane. Si on intègre l'ensemble des avenants signés depuis le démarrage des travaux, les taxes (fiscales et douanières) qui s'y appliquent, les intérêts à payer et le coût du dédommagement des déguerpis, cela dépasserait allègrement le cap des 1 000 milliards de francs CFA. Ce qui classe, tout simplement, cet investissement dans la classe des dépenses somptuaires et improductives au regard des véritables priorités nationales.

D'autres entreprises françaises ne sont en reste. Total E & P Senegal a conclu, avec l'État du Sénégal, en mai 2017, deux contrats de recherche et de partage de production d'hydrocarbures (CRPPH), Rufisque Offshore profond (ROP) et Ultra deep offshore (UDO), considérés comme des endroits très prometteurs. Certaines entreprises françaises ont renforcé leur présence au Sénégal en faisant une mainmise sur de lucratifs contrats. C'est le groupe EIFFAGE Sénégal, qui, à travers sa filiale la SENAC SA, bénéficie d'une concession lui permettant d'assurer l'exploitation des autoroutes à péage pendant trente années, sous le mode d'un

---

[30] Secrétariat général du Gouvernement. Bureau d'Information Gouvernementale (BIG) : http://www.big.gouv.sn/index.php/2019/01/13/cout-du-projet-le-ter-par-les-chiffres-et-les-faits/

partenariat public — privé, alors l'essentiel des investissements ayant permis de construire ces autoroutes a été l'œuvre de l'État. Le groupe a raflé aussi, par entente directe, le tronçon Diamniadio — Aéroport de Diass dont le coût dépasserait la bagatelle de 80 milliards de francs CFA.

Le projet Keur Momar Sarr 3 (KMS3) qui aura une capacité finale de traitement de 200 000 m^3 d'eau par jour, vise à couvrir, à l'horizon 2035, les besoins en eau potable des populations de la région de Dakar ainsi ceux des localités traversées par la conduite du Lac de Guiers. Son coût est évalué, selon les informations rendues publiques par la Présidence de la République du Sénégal[31], à 274 milliards de francs CFA. Pour les travaux de conception et de réalisation de l'usine de traitement et de pompage d'eau potable, l'avis d'attribution provisoire, publié le 1er février 2018 par le Directeur général de la SONES, fait état d'un marché de 48,1 milliards de francs CFA attribué à SUEZ associée, pour la circonstance, au Consortium d'Entreprise (CDE). Pour rappel, c'est SUEZ qui avait remporté le projet KMS2, en 2003, alors que c'était un certain Macky Sall (devenu par la suite Président de la République) qui était le ministre d'État en charge de l'hydraulique. C'est encore SUEZ, à travers sa filiale SEN'EAU, qui vient de réussir à supplanter, depuis le 1er janvier 2020, la SDE en remportant le juteux contrat d'affermage de la distribution urbaine d'eau potable. Pour terminer sur ce chapitre hydraulique, il est intéressant de noter que c'est encore le groupe EIFFAGE, à travers ses filiales EIFFAGE Sénégal et EIFFAGE Génie Civil, qui a été adjucataire du lot 2 du projet KMS3 (fourniture et pose de 38 kilomètres de tuyaux en fonte ductile de 1 500 mm de diamètre) d'un coût initial de 34 millions d'euros (plus de 22 milliards de francs CFA).

La liste des contrats attribués aux compagnies françaises au Sénégal, depuis 2012, présentée ci-dessus, est loin d'être

[31] Site de la Présidence de la République du Sénégal : http://www.presidence.sn/actualites/lancement-des-travaux-de-keur-momar-sarr-3_1007

exhaustive. Elle n'est qu'indicative pour montrer le retour en force et la mainmise de la France sur le Sénégal et son économie. Même les entreprises françaises venues s'installer tout récemment au Sénégal parviennent à se tailler une bonne place en réussissant à capter des marchés très lucratifs. On peut citer le cas du Groupe ATOS, arrivé au Sénégal en fin décembre 2014, qui s'est vu confier de juteux contrats notamment la fourniture et l'installation d'un supercalculateur (d'un coût de 15 millions d'euros, soit près de 10 milliards de francs CFA) au Centre national de calcul scientifique de Diamniadio ainsi que l'acquisition et la mise en œuvre, d'un coût de 7 milliards de francs CFA, d'un système électronique intégré de gestion de l'information financière dans le cadre du Projet de coordination des réformes budgétaires et financières (PCRBF).

À côté des entreprises françaises qui se disputent les marchés de l'État sénégalais et des plus grandes entreprises publiques du pays, il y a d'autres qui s'implantent et sont tournées directement vers le consommateur sénégalais. Parmi celles-ci, on peut citer le Groupe Auchan à travers sa filiale Auchan Retail Sénégal implantée dans le pays depuis septembre 2014. Selon le rapport d'Hervé Gaymard[32], présenté en 2019 et portant sur la relance de la présence économique française en Afrique, le Groupe Auchan a investi au Sénégal 100 millions d'euros sur quatre années, soit 65 milliards de francs CFA, pour notamment réaliser 60% de ses approvisionnements localement, aider à structurer les filières de production.

[32] Gaymard Hévé (2019). Relancer la présence économique française en Afrique : l'urgence d'une ambition collective à long terme. Rapport au ministre de l'Europe et des Affaires Étrangères et au ministre de l'Économie et des Finances. Document téléchargeable à partir du portail de l'Économie, des Finances, de l'Action et des Comptes publics de la République française. Saisi à partir de : https://www.economie.gouv.fr/files/files/2019/PDF/Relancer_la_presence_economique_francaise_en_Afrique_-_Rapport_de_M._Herve_Gaymard.pdf

Chapitre 2

La France : première entreprise du Sénégal

Plusieurs statistiques circulent au sujet de la présence des entreprises françaises au Sénégal. Certaines sont souvent reprises et véhiculées, aussi bien par les institutions publiques (tant françaises que sénégalaises) que par la presse des deux pays, sans pour autant qu'on sache leurs véritables sources ainsi que la méthodologie utilisée pour les établir. De plus, les données présentées sont généralement incomplètes et parcellaires sans oublier qu'elles ne sont pas toujours récentes. Avant de mesurer la présence des entreprises françaises au Sénégal, il est important, sinon nécessaire, de définir par ce qu'on entend par *« entreprises françaises au Sénégal »*.

2.1 *« Entreprises françaises au Sénégal »* : précisions terminologiques

Dans les rapports présentés par les parlementaires français Martine Aurillac (2009)[33] et René Beaumont (2010)[34], respectivement à l'Assemblée nationale et au Sénat français dans le cadre des travaux préparatoires ayant mené à l'approbation, par la partie française, de l'accord sur la promotion et la protection réciproques des investissements signé à Dakar le 26 juillet 2007 entre le Gouvernement de la République française et le

[33] Aurillac Martine (2009). *Op.,cit.*

[34] Beaumont René (2010). Rapport sur l'accord entre le Gouvernement de la République française et le Gouvernement de la République du Sénégal sur la promotion et la protection réciproques des investissements. Rapport N° 252. Commission des affaires étrangères. Sénat de la République française. Rapport téléchargeable sur le site du Sénat français : https://www.senat.fr/rap/l09-252/l09-252.html

Gouvernement de la République du Sénégal, sont considérées comme *« entreprises françaises au Sénégal »* :

a) les filiales d'entreprises françaises au Sénégal ;

b) les sociétés implantées au Sénégal enregistrant une participation minoritaire d'entreprises françaises ;

c) les entreprises de droit local créées par des entrepreneurs français avec des partenaires sénégalais.

S'agissant de la première catégorie d'entreprises, les filiales d'entreprises françaises au Sénégal, leur identification et leur dénombrement ne posent pas généralement de difficultés. Ces filiales sont des démembrements de grosses entreprises françaises qui sont tenues par un certain nombre d'obligations légales notamment d'information et de transparence à l'égard du public et des différentes administrations publiques, surtout lorsqu'elles sont cotées au CAC40 (cotation boursière réunissant les quarante plus importantes sociétés françaises). C'est le cas, exemple, des compagnies comme Total, Orange, Air Liquide, Vinci, Axa, BNP Paribas, Société générale, Carrefour, Bouygues, Véolia, Accor Hôtels, ATOS, etc. Même si leurs filiales ou succursales prennent un autre nom, plus tropicalisé, il reste que la traçabilité de la structure de leur capital ne pose pas de problème.

Pour ce qui des deux autres catégories d'entreprises françaises au Sénégal, il serait difficile, voire impossible de procéder à leur identification, si on ne disposait pas d'informations précises sur la structuration de leur capital. Dans ces cas, pour savoir si une entreprise opérant au Sénégal est française ou non, on a procédé à des vérifications et à des recoupements de plusieurs bases de données (françaises et sénégalaises) de différents organismes et/ou associations professionnelles. Si ce travail de triangulation des sources a permis de confirmer, sans difficulté particulière, le lien entre plusieurs entreprises et la France selon les critères établis ci-dessus, il a aussi réservé quelques surprises. Le cas des Ciments du Sahel (CDS) en est le parfait exemple.

En effet, dans le Rapport de conciliation 2018 du Comité national de l'Initiative pour la Transparence dans les Industries Extractives du Sénégal (CN-ITIE), les CDS sont présentés sous les oripeaux d'une compagnie locale et il est mentionné que 95,29% de son capital est détenu par une personne née au Sénégal et de nationalité sénégalaise. Or, les recherches et croisements de différentes données concernant cette compagnie révèlent que celle-ci serait bien française ! C'est comme telle qu'elle est répertoriée aussi bien sur le site internet[35] et que dans l'édition 2017 – 2018 de la revue du Conseil des Investisseurs Européens au Sénégal (CIES)[36], anciennement Conseil des Investisseurs français au Sénégal (CIFAS) et qui est devenu, depuis le 2 mars 2020, Eurocham Sénégal (Chambre des Investisseurs Européens au Sénégal). L'adhésion à cette organisation est assujettie à la satisfaction d'un certain nombre de critères d'éligibilité dont le premier est : *« être une société à capitaux majoritaires européens »*[37].

Cette duplicité pourrait s'avérer très avantageuse pour les entreprises qui s'en prévalent : sénégalaises dehors pour flatter l'orgueil national et bénéficier du soutien des autorités et des populations sénégalaises ; françaises à l'intérieur, ce qui leur garantirait, de droit, le transfert (du Sénégal vers la France) et la libre convertibilité (du franc CFA en Euro) des dividendes versés à leurs investisseurs en vertu des accords sur la zone Franc. Le cas des CDS est loin d'être isolé. Plusieurs autres entreprises sont dans la même situation.

---

35 Site internet du CIES. Saisi à partir de : https://www.cies.sn/Annuaire

36 CIES (2019). Revue du Conseil des Investisseurs Européens au Sénégal (CIES). Édition 2017 – 2018. Document téléchargeable sur le site internet du CIES : https://www.cies.sn/Actus/Revue+CIES+2017-2018

37 CIES (2019). Revue du Conseil des Investisseurs Européens au Sénégal (CIES). Édition 2017 – 2018. Document téléchargeable sur le site internet du CIES : https://www.cies.sn/Actus/Revue+CIES+2017-2018

2.2 L'ampleur de l'implantation des entreprises françaises au Sénégal

Dans l'exposé des motifs de la loi française n° 2010-203 du 2 mars 2010 autorisant l'approbation de l'accord entre le Gouvernement de la République française et le Gouvernement de la République du Sénégal sur la promotion et la protection réciproques des investissements, il est indiqué qu'il existait quelque 300 entreprises françaises au Sénégal. Ce que confirme le sénateur René Beaumont[38] dans son rapport soumis au Sénat français. Plusieurs autres sources françaises parlent de *« plus de 250 entreprises françaises présentes au Sénégal »*. Au nombre de ces sources figurent notamment le rapport de la députée Martine Aurillac[39] et l'Ambassade de France au Sénégal[40].

Ce nombre ne reflète pas toute l'étendue de la présence des entreprises françaises au Sénégal, laquelle ne se réduit pas seulement aux seules grandes bannières connues. Ce chiffre serait plus considérable si on prenait en compte le nombre important de petites et moyennes entreprises (PME) / petites et moyennes industries (PMI) ainsi que celui d'investisseurs individuels français en activité au Sénégal. En effet, il ressort des résultats du recensement général des entreprises au Sénégal que 35,2% des entrepreneurs individuels français interviennent dans le secteur du commerce, 29,6% dans celui des hôtels, bars et restaurants, 11,9% dans le secteur des services personnels & divers et 8,2% dans le secteur des services fournis aux entreprises (ANSD, 2017)[41].

[38] Beaumont René (2010). *Op. cit.*

[39] Auriac Martine (2009). *Op. cit.*

[40] Site internet de l'Ambassade de France au Sénégal. Saisi à partir de : https://sn.ambafrance.org/XXX-3192

[41] ANDS (2017). Rapport global du Recensement général des Entreprises. Agence Nationale de la Statistique et de la Démographie. Document téléchargeable sur le site de l'ANDS : http://www.ansd.sn/ressources/rapports/Rapport%20global-05-07-2017.pdf

L'ampleur de l'implantation des entreprises françaises au Sénégal peut également s'apprécier à travers le nombre très élevé d'entreprises du CAC 40 faisant des affaires dans ce pays. Pour rappel, l'indice CAC 40, dont l'acronyme signifie *« Cotation Assistée en Continu »*, représente les quarante entreprises multinationales françaises qui ont les plus grosses capitalisations boursières au niveau de la bourse de Paris. Les multinationales françaises qui composent le CAC 40 couvrent une étendue très large de domaines et interviennent dans plusieurs secteurs d'activité. La liste des entreprises qui composent le CAC 40 est évolutive et donne lieu, régulièrement, à une mise à jour pour tenir compte de l'évolution des capitalisations boursières.

L'analyse de la liste du CAC 40 en date du mois d'avril 2020 permet de constater que 28 entreprises du CAC 40 sont implantées au Sénégal ou y exécutent des marchés. Soit 70% de la liste. Le tableau de l'annexe nº 2.1 donne la liste de ces entreprises en précisant leurs secteurs d'activité ainsi que leurs enseignes ou bannières à travers lesquelles elles peuvent être identifiées au Sénégal. Cela dénote l'ampleur de la présence française et souligne la forte attractivité, en termes d'opportunités, de l'économie sénégalaise. Cette part serait certainement plus élevée si on considérait les liens commerciaux indirects que pourraient avoir certaines entreprises du CAC 40 évoluant dans les secteurs du luxe et des spiritueux avec la clientèle aisée d'origine sénégalaise et/ou établie au Sénégal. De plus, certaines de ces entreprises du CAC 40 évoluant dans le secteur du luxe interviennent au Sénégal à travers leur fondation pour promouvoir ou soutenir des activités sociales et caritatives.

2.3 Poids des entreprises françaises dans l'économie sénégalaise

L'appréciation et l'analyse du poids des entreprises françaises dans l'économie sénégalaise peuvent prendre comme point de départ les données statistiques établies par l'APIX.

En effet, dans un guide visant la promotion des investissements au Sénégal et édité par *Planet Medias* (2016), l'APIX dresse le classement des 100 premières entreprises du Sénégal selon le chiffre d'affaires réalisé en 2014[42]. Le classement est versé en annexe dans son intégralité (annexe n° 2.2). Il révèle que le chiffre d'affaires cumulé des 100 premières entreprises sénégalaises s'élève à 5012,8 milliards de francs CFA. Soit 51,28% du produit intérieur brut (PIB) courant (au prix du marché) de la même période (9 775 milliards de francs CFA)[43].

Un examen analytique du classement révèle que :

- 29 entreprises sur les 100 sont françaises selon la définition retenue ci-dessus. C'est un nombre minimal, car n'ont pas été prises en compte toutes les entreprises sur lesquelles on ne disposait pas suffisamment d'informations pour établir, de façon irréfutable, leur statut d'entreprise française au Sénégal ;

- 2 des 3 entreprises qui trônent à la tête du classement (le premier et le troisième rang) sont également françaises. Il s'agit de la SONATEL et de TOTAL Sénégal.

Les 29 entreprises françaises ont réalisé, en 2014, un chiffre d'affaires cumulé de 2 033,5 milliards de francs CFA. Soit 40,6% du chiffre d'affaires cumulé des 100 premières entreprises du Sénégal et 20,8% du PIB de la période. Selon Aurillac (2009)[44] et Beaumont (2010)[45], le chiffre d'affaires de toutes les entreprises

---

[42] Planet Medias (2016). Doing business in Senegal, Edition 2016. En association avec l'Agence nationale chargée de la promotion des investissements et des grands travaux (APIX). Guide téléchargeable à l'adresse : http://www.doingbusinessin.fr/wp-content/uploads/guides/guide-senegal-2016-fr.pdf

[43] ANDS (2019). Comptes nationaux provisoires de 2018 et définitifs de 2017 (Base 2014). Agence Nationale de la Statistique et de la Démographie. Document téléchargeable sur le site de l'ANDS : http://www.ansd.sn/ressources/publications/note%20analyse%20comptes%20nationaux%20%202018.pdf

[44] Auriac Martine (2009). *Op. cit.*

[45] Beaumont René (2010). *Op. cit.*

françaises implantées au Sénégal représente plus de 25 % du PIB du pays. La page « Économie et Développement » de l'Ambassade France au Sénégal fait aussi état du même chiffre[46]. Ce qui est énorme !

En plus de leur importance dans la création de richesse, les entreprises françaises au Sénégal contribuent, aussi, à près de 25% des recettes budgétaires du pays selon le rapport d'Hervé Gaymard[47]. Le même chiffre a été déjà évoqué par Aurillac (2009)[48] et l'Ambassade de France au Sénégal[49]. Pour Beaumont (2010)[50], la contribution des entreprises françaises au Sénégal sur les recettes budgétaires du pays s'élève à 28%. Elles emploieraient plus de 30 000 personnes selon l'Ambassade de France au Sénégal. Soit 3,6% du total des emplois salariés (844 268) des entreprises recensées[51].

En plus de mettre en évidence le niveau de dépendance de l'économie sénégalaise, en ce qui concerne la création de richesse, ces chiffres montrent le degré de vulnérabilité des finances publiques sénégalaises à l'égard des entreprises françaises.

---

46 Site internet de l'Ambassade de France au Sénégal. Saisi à partir de : https://sn.ambafrance.org/XXX-3192

47 Gaymard Hervé (2019). *Op. cit.*

48 Auriac Martine (2009). *Op. cit.*

49 Site internet de l'Ambassade de France au Sénégal. *Op. cit.*

50 Beaumont René (2010). *Op. cit.*

51 ANDS (2019). Comptes nationaux provisoires de 2018 et définitifs de 2017 (Base 2014). Agence Nationale de la Statistique et de la Démographie. Document téléchargeable sur le site de l'ANDS : http://www.ansd.sn/ressources/publications/note%20analyse%20comptes%20nationaux%20%202018.pdf

Annexe n° 2.1

Les entreprises du CAC 40 présentes au Sénégal

N°	SOCIÉTÉS	SECTEUR	ENSEIGNES / BANNIÈRES AU SÉNÉGAL / ACTIVITÉS
1	Accor	Hôtellerie, Tourisme	Pullman Dakar Téranga ; Hotel IBIS Dakar ; Hotel NOVOTEL Dakar
2	Air liquide	Gaz industriel	Air Liquide Sénégal
3	Airbus	Aéronautique, Défense	Relève d'Airbus pour l'Afrique et le Moyen-Orient
4	Arcelor Mittal	Acier, Matériau de construction	Arcelor Mittal Sénégal
5	Atos	Technologies, Services informatiques	ATOS Sénégal
6	Axa	Assurance, Services financiers	AXA Assurance Sénégal
7	BNP Paribas	Banque, Services financiers, Assurance	BICIS
8	Bouygues	BTP, Immobilier, Médias, Télécommunications	SDE ***NB :*** *Saur International, puis Finagestion cédée, à son tour à Eranove détenu majoritairement par Emerging Capital Partners (ECP).*
9	Carrefour	Distribution	CFAO Retail ; Magasins Supeco ; Carrefour Market
10	Crédit agricole	Banque, Services financiers, Assurance	Laiterie du Berger (18% des actions)
11	Danone	Agroalimentaire	Laiterie du Berger (45% des actions) à travers Danone Communities, l'un des trois fonds d'investissement social du groupe
12	Engie	Énergie, gaz industriel, industrie pétrolière	Présent à travers la réalisation du TER et de deux projets solaires photovoltaïques (Kahone et Touba-Kaël).
13	Essilor	Optique	Essilor SIVO Sénégal
14	Legrand	Matériel électrique	Legrand Sénégal
15	Orange	Télécommunication, Banque	Groupe SONATEL
16	Publicis Groupe	Publicité, Médias	AG Partners Sénégal
17	Renault	Automobile	Renault Sénégal
18	Saint-Gobain	Matériaux de construction, Verre	Fourniture de canalisations par Saint-Gobain PAM dans le cadre du projet Keur Momar Sarr 3
19	Sanofi	Pharmacie	Sanofi Afrique Subsaharienne Francophone
20	Schneider Electric	Matériel électrique	Schneider Electric Sénégal
21	Société générale	Banque, Services financiers, Assurance	Société générale — Sénégal
22	STMicroelectronics	Technologies	Présente à travers sa fondation ST Microelectronics/Digital Unify

23	Thales	Équipementier aéronautique	Présent dans le groupe chargé de construire le TER
24	Total	Industrie pétrolière, Gaz industriel	Total Sénégal ; TOTAL E & P Senegal ; Compagnie sénégalaise des lubrifiants
25	Veolia	Services collectifs, Énergie	SADE Sénégal SA (Veolia)
26	Vinci	BTP, Télécommunications	LSE —Les Spécialistes de l'Énergie (Vinci construction) ; Sogea-Satom Sénégal (Vinci construction) ; Omexom Sénégal (Vinci Énergies) ; Omexom Solar Sénégal (Vinci Énergies)
27	Vivendi	Médias, Publicité, Télécommunications	CANAL Plus Sénégal ; Havas Africa Sénégal
28	Worldline	Fintech	Filiale d'Atos

Annexe n° 2.2

Les cent plus grandes entreprises du Sénégal selon le CA en 2014

Source : APIX. Classement 2014. Doing business in Senegal. Edition 2016, Planet Medias

RANG	SOCIÉTÉ	SECTEUR	CHIFFRES D'AFFAIRES (MILLIONS FCFA)
1	SONATEL— SA	Télécoms	559 838
2	SAR — SA (SOCIÉTÉ AFRICAINE DE RAFFINAGE)	Industrie	438 576
3	TOTAL SÉNÉGAL	Industrie	337 602
4	SENELEC- SA	Industrie	264 211
5	ITOC — SA	Industrie	167 534
6	GROUPE MIMRAN (GMD+CSS)	Industrie	159 763
7	SHELL SÉNÉGAL — SA	Industrie	139 749
8	SOCOCIM INDUSTRIES — SA	Industrie	138 551
9	INDUSTRIES CHIMIQUES DU SÉNÉGAL	Industrie	127 927
10	OILIBYA	Commerce des carburants	112 569
11	C.D.S. — SA (LES CIMENTS DU SAHEL)	Industrie du ciment	106 947
12	GROUPE TSE	Commerce	101 500
13	SUNEOR	Industrie	101 494
14	SENTEL GSM — SA (TIGO)	Télécoms	66 113
15	SDE — SA	Services	66 028
16	ELTON SA (ELTON OIL COMPANY SA)	Industrie	60 189
17	SBG SÉNÉGAL — SA (SAUDI BINLADIN GROUP)	BTP	56 296
18	ETNOCELL SA	Commerce	55 577
19	COMPTOIR COMMERCIAL MANDIAYE NDIAYE	Commerce	49 889
20	DIPROM — SA	Services	48 089
21	CBAO-AWB	Banques	46 230
22	DPW DAKAR (OP WORLD DAKAR SA)	Services	45 765
23	SGBS	Banques	44 886
24	NESTLE SÉNÉGAL — SA	Industrie	44 034
25	SIBA— SA	Industrie	43 097
26	LABOREX SÉNÉGAL — SA	Commerce	41 309

RANG	SOCIÉTÉ	SECTEUR	CHIFFRES D'AFFAIRES (MILLIONS FCFA)
27	SOBOA— SA	Industrie	41 134
28	PHILIP MORRIS MANUFACTURING SÉNÉGAL	Industrie du tabac	40 488
29	CSE — SA (CIE SAHÉLIENNE D'ENTREPRISES)	BTP	39 167
30	NOUVELLE MINOTERIE AFRICAINE SA	Industrie	38 168
31	EIFFAGE SÉNÉGAL	BTP	37 581
32	COMPAGNIE SÉNÉGALAISE DES LUBRIFIANTS (filiale du Groupe Total)	Industrie	36 569
33	COPHASE —SA (Groupe UBIPHARM)	Industrie	34 098
34	HOLDING CCBM	Commerce	34 080
35	ORYX SÉNÉGAL — SA	Industrie	33 143
36	LA SÉNÉGALAISE DE L'AUTOMOBILE	Commerce	32 693
37	LONASE — SA	Services	31 821
38	BOCAR SAMBA DIEYE	Commerce	31 473
39	MTOA— SA	Industrie	31 367
40	CFAO SÉNÉGAL	Commerce	31 223
41	DAMAG — SA	Commerce	29 608
42	CONSORTIUM D'ENTREPRISES - DAKAR	BTP	29 542
43	SATREC — SA	Industrie	29 440
44	PORT AUTONOME DE DAKAR	Services	29 044
45	SOCIÉTÉ COMMERCIALE NDIENE SARL	Commerce	27 772
46	BICIS	Banques	27 200
47	SOFIEX - SARL	Commerce	26 171
48	GROUPE SENTENAC (MOULINS SENTENAC +SOCAS)	Industrie	25 337
49	PATISEN — SA	Industrie	24 646
50	BOLLORE AFRICA LOGISTICS SÉNÉGAL	Services	24 403
51	ECOBANK	Banques	24 251
52	SENARH SA	Industrie	23 001
53	MÉTAL AFRIQUE — SA	Industrie	22 939
54	AMADOU LO	Commerce	22 391
55	STAR OIL SA	Industrie	22 383

RANG	SOCIÉTÉ	SECTEUR	CHIFFRES D'AFFAIRES (MILLIONS FCFA)
56	INTERFACE MOBILE SARL	Distribution produits et appareils	21 118
57	SENCOM — SARL	Commerce	20 836
58	GROUPE CMS	Banques	20 309
59	LRD — SA (LA ROCHETTE DAKAR)	Industrie	19 723
60	SAF INDUSTRIES SÉNÉGAL — SA	Industrie	19 173
61	COMTRADE SARL	Commerce	19 124
62	MONIZ DA MAIA SERRA & FORTUNATO EMPREITEIROS SUCCURSALE	BTP	19 077
63	SONES SA (SOCIÉTÉ NATIONALE DES EAUX DU SÉNÉGAL)	Locations sans opérateurs	18 784
64	MATFORCE	Commerce	18 395
65	FALL DISTRIBUTIONS & SERVICES SARL	Commerce	18 352
66	PFIZER AFRIQUE DE L'OUEST	Industrie	17 660
67	SOCIÉTÉ DE PÊCHE ET D'ARMEMENT SÉNÉGALAIS	Industrie	17 420
68	VITOGAZ SÉNÉGAL	Services	17 405
69	BOA	Banques	17 057
70	SOCIÉTÉ HENAN CHINE	BTP	16 922
71	BATI-PLUS INDUSTRIE — SA	Industrie	16 526
72	DIOP DISTRIBUTION	Commerce	16 368
73	CCSN (COMPTOIR COMMERCIAL SOPE NABY)	Commerce	16 303
74	SONAM ASSURANCES	Assurance	15 802
75	ATLAS DISTRIBUTION SARL	Commerce	15 453
76	SODEFITEX — SA	Industrie	15 421
77	LCS - SA (LES CÂBLERIES DU SÉNÉGAL)	Industrie	15 027
78	SIMPA - SA (SOCIÉTÉ INDUSTRIELLE MODERNE DES PLASTIQUES AFRICAINS)	Industrie	14 891
79	ÉTABLISSEMENTS JAMIL TARRAF & COMPAGNIE	Commerce	14 806
80	MBACKE & FRÈRES SURL	Commerce	14 701

RANG	SOCIÉTÉ	SECTEUR	CHIFFRES D'AFFAIRES (MILLIONS FCFA)
81	EXPRESSO SÉNÉGAL — SA	Télécoms	14 595
82	WARTSILA WEST AFRICA — SA	Commerce	14 542
83	TIGER DENRÉES SÉNÉGAL	Commerce	14 521
84	TRANSRAIL — SA	Services	14 319
85	SOSEMAT SA (SOCIÉTÉ SÉNÉGALAISE DE MATÉRIAUX)	Commerce	14 101
86	L'AFRICAINE DE L'AUTOMOBILE	Concessionnaires auto	14 099
87	ERES SÉNÉGAL — SA	Commerce	13 999
88	SEDIMA— SA	Industrie	13 991
89	ALLIANZ ASSURANCES	Assurances	13 876
90	SODIPHARM — SA	Commerce	13 781
91	SÉNÉGAL PÊCHE — SA	Industrie	13 686
92	COGECA SA (COMPAGNIE GÉNÉRALE D'EXPLOITATION DE CARRIÈRE)	Industrie	13 338
93	CNCAS	Banques	13 262
94	BIS	Banques	13 256
95	SENICO — SARL (SÉNÉGALAISE INDUSTRIE COMMERCE)	Industrie	12 992
96	SCIS (S'é COMMERCIALE ET INDUSTRIELLE DU SÉNÉGAL)	Commerce	12 907
97	LA POSTE (ex OPCE)	Services	12 893
98	BRM	Banques	12 543
99	NSSA (NOVEL SÉNÉGAL SA)	Commerce	12 467
100	SOCIÉTÉ NOUVELLE DES SALINS DU SINE SALOUM	Industrie	12 162

Chapitre 3

De colonie à un État (in)dépendant

En plus des financements, qui étaient le fait d'investisseurs privés généralement français, la colonie du Sénégal, à l'instar de toutes les autres colonies françaises, bénéficiait aussi de financements publics à travers différents mécanismes. Pour accompagner ses futures ex-colonies, la France avait mis en place de nouveaux mécanismes de financement dans le cadre d'accords de coopération bilatéraux. Soixante années plus tard, ces mécanismes de financement continuent d'exister même si leurs appellations ont changé, les opérateurs chargés de leur gestion apparaissent sous de nouveaux sigles, les modalités de financement revues et leurs sphères d'intervention étendues. Cependant, leur essence demeure toujours la même. Ils ont même pris de l'ampleur au cours de ces dernières années démontrant ainsi le degré de dépendance du Sénégal à l'égard de ces financements français. Par exemple, le Groupe AFD a engagé, depuis 2008, la somme de 1,8 milliard d'euros au Sénégal, soit plus de 1 180 milliards de francs CFA.

L'économie coloniale héritée de la France, en 1960, n'a pas beaucoup changé, dans sa structure, après soixante années d'indépendance : importation, de la France, de biens d'équipements, de machines et de produits divers et, exportation vers ce pays de produits halieutiques et maraîchers principalement. C'est ainsi que le déséquilibre des relations commerciales entre les deux pays est allé crescendo au détriment du Sénégal. Il s'y ajoute que la garantie de convertibilité, la fixité des parités et la libre transférabilité du franc CFA dans l'espace de la Zone franc, font qu'une partie importante des dépenses et des revenus des entreprises françaises implantées au Sénégal ne bénéficie qu'à la France. Enfin, l'absence de souveraineté monétaire, à l'instar de tous les autres pays africains francophones engagés dans les accords de la Zone franc, ne permet pas au Sénégal de définir et de mettre en œuvre une politique monétaire conforme à ses réalités et préoccupations. Ce qui aggrave sa dépendance à l'égard de la France.

3.1 Des relations commerciales quasiment unilatérales

L'examen de la balance commerciale sénégalaise, c.-à-d. la différence entre les exportations et les importations de biens renseigne sur le fort déséquilibre extérieur, au profit de la France, des échanges de biens entre les deux pays (tableau 3.1).

Le poids des importations du Sénégal en provenance de la France par rapport à l'ensemble des importations du pays diminue, d'année en année, en valeurs relatives en passant de 16,5% en 2014 à 12,6% en 2018. Par contre, en valeurs absolues, on constate une continuelle augmentation des importations en provenance de la France : elles sont passées de 534,2 milliards de francs CFA en 2014 à 569,2 milliards de francs CFA en 2018. Ces importations sont principalement composées de produits pharmaceutiques, de machines et équipements de toute sorte, de tabac, mais surtout, au cours de ces dernières années, d'aéronefs notamment avec l'acquisition, par Air Sénégal, de deux Airbus 330-900 Neo au prix (catalogue) de 300 millions de dollars US (180 milliards de francs CFA).

Les exportations vers la France suivent une tendance baissière, tant en valeurs relatives qu'absolues et se composent, principalement, de produits de la pêche et d'aquaculture ainsi que de produits maraîchers. Elles sont passées de 63,9 milliards de francs CFA, en 2014, à 46,9 milliards de francs CFA, en 2018. Ce qui fait que les relations commerciales entre les deux pays sont largement déséquilibrées au bénéfice de la France et érigent cette dernière comme premier fournisseur du Sénégal devant la Chine, le Nigéria, l'Inde et la Turquie. Le déséquilibre est structurel. Son ampleur abyssale pourrait s'analyser comme si le Sénégal n'était qu'un appendice, qu'un prolongement du marché intérieur français.

Tableau 3.1 : Échanges commerciaux bilatéraux entre le Sénégal et la France (en millions de FCFA)

	2014		2015		2016		2017		2018	
	Valeur	%	*Valeur*	%	*Valeur*	%	*Valeur*	%	*Valeur*	%
Exportations vers la France	63 927,7	5,0	59 313,4	4,0	43 600,4	2,9	44 752,0	2,7	46 953,4	2,6
Importations de la France	534 284,2	16,5	545 332,9	16,4	511 525,0	15,9	574 972,8	14,7	569 283,9	12,6
Solde commercial	- 470 356,5		- 486 019,5		- 467 924,6		- 530 220,8		- 522 330,5	

Sources : BCEAO, 2019

Ce rôle d'appendice du marché français que joue le Sénégal peut aussi prendre des formes insoupçonnées et s'exercer sans que la population, voire certaines autorités n'y prêtent attention. C'est le cas des compagnies françaises qui réalisent une partie de leur production au Sénégal en vue de satisfaire les besoins du marché de la métropole. La compagnie française les Grands Domaines du Sénégal (GDS) en constitue l'exemple. En effet, les GDS produisent, à partir du Sénégal, et exportent vers la France (et vers d'autres pays européens), plusieurs milliers de tonnes de produits maraîchers frais sous la marque *« Doona »* (tomate cerise, maïs doux, etc.) et arboricoles (mangues principalement).

La compagnie les GDS, aujourd'hui leader des exportations horticoles du Sénégal, a été créée en 2003. Elle est une filiale de la multinationale française, d'origine marseillaise, le Groupe Compagnie Fruitière. Avant 2003, le Groupe était présent au Sénégal à travers sa filiale maritime, Africa Express Line, qui assurait le transport, vers la France et le reste de l'Europe, une bonne partie des exportations horticoles sénégalaises. C'est par la suite que le Groupe a décidé de s'investir dans la production horticole au Sénégal en créant les GDS. À cet effet, il s'est vu octroyer, par l'État du Sénégal, plusieurs centaines d'hectares dans la région de Saint-Louis, précisément à Ndiawdoune, le long du fleuve Sénégal. Les GDS se livrent ainsi à la culture de produits maraîchers sous serre (pour éviter d'éventuels ravages causés par les insectes et/ou d'infestations des plantes) et aux cultures arboricoles.

Les GDS fonctionnent en projet intégré, en contrôlant tout le processus depuis la production jusqu'à la commercialisation sur les marchés français et européens. En effet, ses produits horticoles sont cultivés dans ses serres et sur ses terres arboricoles à Ndiawdoune. Ils sont cueillis puis conditionnés sur place. Leur transport vers la France et l'Europe est assuré, grâce à des rotations régulières, par sa compagnie maritime, Africa Express Line, dans des conteneurs frigorifiques. Une fois arrivées en France et en Europe, les filiales commerciales du Groupe s'occupent de leur commercialisation notamment au célèbre marché de Rungis.

Aujourd'hui, les GDS sont leaders des exportations horticoles et arboricoles du Sénégal avec notamment plus de 9 000 tonnes de tomates (cerise, grappe et olivette) et plus de 1 500 tonnes de maïs doux, produits en contre-saison au Sénégal, et exportés vers les marchés français et européens. Ces exportations sont mises au crédit du Sénégal, mais en réalité ce ne sont pas des productions sénégalaises : c'est une délocalisation d'une partie de la production horticole dont le marché français a besoin. Ce qui montre que même les maigres exportations sénégalaises retracées dans la balance commerciale avec la France ne sont pas aussi importantes qu'on pourrait le croire.

3.2 Une croissance économique extravertie profitable à la France

Le gouvernant se targue toujours de *« ses prouesses »* macroéconomiques en réalisant des taux de croissance qu'il considère comme des performances : 6,4% en 2016, 7,4% en 2017 et 6,4% en 2018[52]. En dépit de leur importance, la pauvreté ne recule pas ou si elle diminue, les résultats demeurent non significatifs. Des pans entiers de la population tombent et restent maintenus dans la pauvreté relative, parfois absolue. Les populations ironisent sur leur sort en rétorquant par des expressions du genre *« la croissance ne se mange pas »* et les économistes rajoutent *« on ne voit pas la croissance dans le panier de la ménagère »*. Ce qui conduit à la question suivante : à qui profite la croissance ? L'examen des comptes de la balance des paiements pourrait fournir un début de réponse.

---

[52] ANDS (2019). Comptes nationaux provisoires de 2018 et définitifs de 2017 (Base 2014). Agence Nationale de la Statistique et de la Démographie. Saisi à partir de : http://www.ansd.sn/ressources/publications/note%20analyse%20comptes%20nationaux%20%202018.pdf

La balance des paiements fournit l'état des transactions (biens, services, revenus, les engagements financiers, les transferts sans contrepartie, etc.) entre les résidents d'un pays (ménages, entreprises, etc.) et le reste du monde. Comme tous les États membres de l'Union économique et monétaire ouest-africaine (UEMOA), l'établissement de la balance des paiements du Sénégal est de la compétence de la BCEAO. La dernière balance des paiements du Sénégal publiée par la BCEAO date de 2019 et couvre les transactions de 2018[53].

Dans la balance des paiements, le compte de revenus primaires retrace toutes les rémunérations faites ou obtenues par les agents économiques (personnes physiques, personnes morales, etc.) suite à une contribution à la production, à la fourniture d'actifs financiers ou à la location de ressources naturelles. Ce compte regroupe, donc, trois types de rémunérations en contrepartie : a) d'une participation à un processus de production (rémunérations des salariés) ; b) d'une fourniture d'actifs financiers, c'est-à-dire d'investissements directs ou de portefeuille (dividendes, bénéfices, bénéfices réinvestis, intérêts, etc.) ; ou d'une réalisation d'autres types d'investissements (loyer, impôts et subventions sur les produits et la production). L'analyse du compte des revenus internes donne une idée plus exacte sur le caractère faramineux des montants décaissés et envoyés hors du Sénégal en 2017 et 2018 au titre de revenus des investissements (tableau 3.2) même si on ignore, de façon exacte, les pays de destination et les noms des véritables bénéficiaires.

[53] BCEAO (2019). Balance des paiements et position extérieure globale du Sénégal pour l'année 2018. Banque Centrale des Etats de l'Afrique de l'Ouest. Saisi à partir de : https://www.bceao.int/sites/default/files/2019-12/Balance%20des%20paiements%20et%20position%20ext%C3%A9rieure%20globale%20-%20S%C3%A9n%C3%A9gal%202018.pdf

Tableau 3.2 : Revenus internes du Sénégal en 2017 et en 2018 (en millions de francs CFA)

Libellé / poste	2017			2018		
	Crédit	*Débit*	*Solde*	*Crédit*	*Débit*	*Solde*
Rémunération des salariés	73 718,6	14 563,9	59 154,7	76 796,8	16 746,9	60 049,9
Revenus des investissements	115 405,1	520 640,1	- 405 235	162 189,6	563 527,4	- 401 337,8
Dont intérêts sur la dette publique		*- 178 290*			*- 210 340*	
Autres revenus primaires	5 276,2	158,6	5 117,6	7 709,1	175,4	7 533,7
Revenus primaires	194 399,9	535 362,6	- 340 962,7	246 695,5	580 449,7	- 333 754,2

Sources : BCEAO, 2019

À la lumière de ces statistiques, on peut constater, même s'il y a un léger recul du déficit du compte des revenus primaires (qui passe de 340,9 milliards de francs CFA, en 2017, à 333,7 milliards de francs CFA, en 2018), que les montants sortis du pays vers l'étranger au titre des revenus des investissements (dividendes distribués + intérêts sur la dette extérieure publique) ont considérablement augmenté en passant de 520,6 milliards de francs CFA, en 2017, à 563,5 milliards de francs CFA, en 2018. Soit un accroissement de 43 milliards de francs CFA. Si on enlève de ces montants les sommes payées au titre d'intérêts sur la dette extérieure publique, soit 178,3 milliards de francs CFA en 2017 et 210,3 milliards en 2018, le reste représente les paiements effectués pour les autres revenus d'investissements notamment les dividendes. Ces montants sont, respectivement, de 342,35 milliards de francs CFA, en 2017 et 353,18 milliards de francs CFA, en 2018. Soit un peu plus de 10% du budget initial adopté en 2017 (3 360 milliards de francs CFA) et 9,5% de celui de 2018 (3 709 milliards de francs CFA). Ce qui est beaucoup pour un pays pauvre comme le Sénégal !

Le Sénégal, comme les autres pays de la Zone Franc, sont liés, à la France, par des accords de coopération monétaire bâtis autour des quatre principes suivants : la garantie de convertibilité, la fixité des parités, la libre transférabilité et la centralisation des réserves de change. Avec les principes de libre transférabilité et de libre convertibilité, il est facile de deviner que ces transferts de dividendes ont davantage profité à la France compte de l'importance de l'implantation de ses entreprises au Sénégal. En effet, selon la Direction Générale du Trésor français[54], les investissements directs à l'étranger (IDE) de la France au Sénégal, en 2017, ont été de 144,2 millions d'euros, soit 94,5 milliards de francs CFA (tableau 3.3).

---

[54] Direction générale du Trésor France. Saisi à partir de : https://www.tresor.economie.gouv.fr

Tableau 3.3 : Investissements directs à l'étranger (IDE) de la France au Sénégal en 2017

	2017	
	En millions €	En millions FCFA
Flux d'IDE français vers le Sénégal	144,2	94 575,0
Stock d'IDE français au Sénégal	2097,4	1 375 600,8

Sources : Direction générale du Trésor France (à partir des données de la Banque de France)

NB : La conversion de l'Euro en francs CFA est faite par l'auteur au taux de 1 € = 655,86 FCFA

Ce qui porte le total des investissements français au Sénégal à 2 097,4 millions d'euros, soit plus de 1 375,6 milliards de francs CFA. Ainsi, la France est le premier investisseur au Sénégal. Ses investissements représentent 43% du stock d'IDE du Sénégal selon une note, en date de juillet 2019, de la Direction Générale du Trésor français sur les relations bilatérales entre les deux pays[55].

Avec un tel volume d'investissements, il serait tout à fait logique d'imaginer qu'une bonne partie des montants sortis du Sénégal, au titre des revenus d'investissements (dividendes et intérêts), échoit à la France. De façon simple et caricaturale, on peut résumer la situation comme suit : la France et ses entreprises sont les plus gros investisseurs au Sénégal ; elles créent de la richesse à travers leurs investissements productifs, donc sont moteurs de la croissance au Sénégal ; elles en tirent des profits ; elles réinvestissent une partie de leurs profits sur place et rapatrient le reste chez elles grâce à la liberté de transférabilité et à la possibilité de convertibilité illimitée. Par conséquent, la croissance qu'elles créent et/ou contribuent à créer, ne pas profitent pas, directement, aux Sénégalais.

La liberté d'effectuer des transferts et la possibilité de bénéficier d'une convertibilité, de manière illimitée, entre pays de

[55] *Ibid.*

la zone Franc, sont de nature à faciliter et garantir, aux entreprises françaises implantées dans cet espace de coopération monétaire, un rapatriement de leurs profits sans courir le risque d'une perte de change (la parité entre l'Euro et le CFA est assurée par le Trésor français). Ce que confirme l'économiste sénégalais et ancien haut fonctionnaire international, Sanou Mbaye, lorsqu'il écrit que *« la convertibilité permet aux entreprises françaises et aux classes dominantes de transférer librement les fortunes qu'elles engrangent en étant prémunies contre toute dépréciation monétaire »*[56]. Voilà un début d'explication sur l'absence d'impact des taux de croissance élevés réalisés par le Sénégal sur les conditions de vie des populations au quotidien.

3.3 Une indépendance politique sans souveraineté monétaire

Dans une sortie retentissante restée mémorable, le chef de l'État tchadien, Idriss Deby Itno, affirme, sans ambages, qu'il est venu le temps de renégocier les accords de coopération financière qui lient la France et quatorze États africains regroupés autour de deux unions économiques et monétaires, l'UEMOA et la Communauté Économique et Monétaire de l'Afrique Centrale (CEMAC) qui partagent l'utilisation du franc CFA (Communauté financière Africaine anciennement Colonies françaises d'Afrique). C'est la Zone Franc. Le plus intéressant, c'est lorsque le Président Deby Itno ajoute *« c'est à nous de gérer notre monnaie avec notre banque centrale. Au niveau du conseil d'administration de notre banque centrale, nous avons trois Français qui siègent avec le droit de veto. Où est alors la souveraineté monétaire ? »*[57]. Il n'en fallait pas plus pour jeter un

---

[56] Mbaye Sanou (2012). Décollage africain, marasme sénégalais. Le Monde diplomatique, février 2012. Saisi à partir de : https://www.monde-diplomatique.fr/2012/02/MBAYE/47388

[57] Franc CFA : Idriss Deby estime qu'il faut renégocier la convention avec la France. (26 juin 2017). Agence De Presse Africaine (APAnews). Saisi à partir de http://apanews.net/fr/pays/tchad/news/franc-cfa-idriss-deby-estime-quil-faut-renegocier-la-convention-avec-la-france

pavé dans la mare des débats entourant le franc CFA, particulièrement dans ses aspects relatifs à la souveraineté monétaire. Ces propos, très surprenants d'un apparatchik de la Francafrique, sont venus apporter de l'eau au moulin des nombreux intellectuels et jeunes africains qui luttent contre le maintien de ce vestige monétaire colonial qu'est le franc CFA, car une indépendance politique sans indépendance monétaire n'en est pas réellement une.

La monnaie est un instrument économique. Elle exerce également, du point de vue anthropologique, une fonction sociale et de communication. Mais elle demeure avant tout un symbole et un attribut de souveraineté. Ce qui fait que sa maîtrise revêt toujours un enjeu politique crucial, car renseignant sur le niveau d'indépendance réelle d'un pays. Les pays membres de la Zone Franc, qui ont l'usage en commun le Franc CFA n'échappent pas à cette règle. Cette réalité est venue se rappeler à eux lors de l'ajustement monétaire décidé, unilatéralement, par la France avec le soutien du Fonds monétaire international (FMI).

En effet, la dévaluation du franc CFA, intervenue le 11 janvier 1994, a rappelé aux populations des 14 États membres de la zone CFA, que leurs gouvernants n'avaient aucune emprise sur cette monnaie. Les propos de l'ancien Président togolais, Gnassingbé Eyadéma, rapportés par la journaliste Viviane Forson du journal le Point, confirment l'incapacité des États ayant le franc CFA comme monnaie de pouvoir peser sur l'évolution et l'utilisation de celle-ci notamment comme instrument de politiques. L'ancien Président Éyadéma aurait confirmé la réticence, finalement vaine, des Chefs d'État africains à la décision de dévaluer le franc CFA prise unilatéralement par les Autorités françaises avec le soutien du Fonds monétaire international (FMI) en affirmant *« la force prime le droit. Je n'étais pas le seul à formuler cette mise en garde, mais la France... en a décidé autrement. Les voix africaines n'ont pas compté pour grand-chose dans cette affaire »*[58].

Cette incapacité d'utiliser, comme levier, cette monnaie qui censée être la sienne est doublée d'une humiliation : tous les chefs d'État (ou leurs représentants) des 14 États membres de la Zone franc n'ont pas pesé grand-chose face aux trois moustiquaires venus leur « exiger » de prendre cette décision (Michel Roussin, ministre français de la Coopération, Christian Noyer, Directeur général du Trésor français et Michel Camdessus, Directeur général du FMI, de nationalité française).

[58] Forson Viviane (2015). Afrique - 70 ans du franc CFA : ce que disent les spécialistes. Article publié le 29/12/2015. Saisi à partir de : https://www.lepoint.fr/economie/afrique-70-ans-du-franc-cfa-ce-que-disent-les-specialistes-29-12-2015-2005898_28.php

Chapitre 4

La découverte d'hydrocarbures et la réminiscence des vestiges de la Françafrique

Le Sénégal est entré dans le cénacle des pays producteurs de gaz et, prochainement, de pétrole. Ce qui suscite et entretient beaucoup d'appétits. Surtout de la part de firmes étrangères, vu que les nationaux n'ont pas les capacités, ni techniques, ni financières, de réaliser les opérations d'exploration et de production que requiert la valorisation des importantes réserves d'hydrocarbures prêtées au pays. C'est dans ce contexte que le Groupe TOTAL a décidé d'élargir ses activités au Sénégal à la recherche et, éventuellement, à la production de pétrole et du gaz. Plusieurs compagnies pétrolières, dont certaines majors, opèrent déjà sur place. Il faut donc jouer des coudes pour se faire une place, hériter de blocs prometteurs et signer des contrats synonymes de profitabilité. Pour rattraper le temps perdu, le Groupe TOTAL a un atout de taille : le Sénégal fait partie du pré-carré français en Afrique francophone. Les conditions dans lesquelles deux contrats de recherche et de partage de production d'hydrocarbures lui ont été octroyés soulèvent beaucoup de questions et ont fait naître des suspicions légitimes de favoritisme. Il n'en fallait pas plus pour rappeler certaines pratiques de la Françafrique.

4.1 TOTAL Sénégal : reine de la distribution de produits pétroliers

TOTAL Sénégal, présente au pays depuis plus de 70 ans, est une compagnie spécialisée dans la commercialisation de carburants, de lubrifiants et de gaz. Elle est détenue à 69,1% par le Groupe TOTAL. Comme le montre le tableau 4.1, elle compte sur un réseau de distribution de 175 stations-services. À part celle sise sur l'autoroute à péage, qu'elle gère directement, toutes les autres stations-services sont gérées en franchise et/ou en bail. Une partie des activités de la compagnie concerne la fourniture de produits pétroliers à une clientèle d'entreprises allant des mines à l'aviation en passant par le transport ainsi que les bâtiments et travaux publics. Elle est active, enfin, dans l'exportation, vers les pays limitrophes notamment le Mali, de produits pétroliers importés. Ce qui conduit à une situation aussi paradoxale qu'insolite : le Sénégal est un pays exportateur de produits pétroliers alors qu'il ne produit pas de pétrole !

Chose importante et moins connue, peu de sénégalais savent que TOTAL Sénégal fournit en produits pétroliers plusieurs compagnies sénégalaises qui lui sont concurrentes. En effet, selon les données statistiques du ministère du Pétrole et des Énergies (MPE)[59] du Sénégal, il existe dans le pays 734 points de distribution (de vente) de produits pétroliers liquides (571 stations terrestres et 163 stations de pêche) dont près de 55% sont détenus par des compagnies locales. Par conséquent, en refusant d'acheter son carburant dans une station-service TOTAL, au nom du patriotisme économique, cela ne vous empêchera pas, à votre insu, de contribuer au chiffre d'affaires de la multinationale, car il est probable que le produit acheté dans la station estampillée aux couleurs nationales soit fourni par elle.

Bien que son nombre d'emplois directs soit relativement modeste (197 salariés), la compagnie a réalisé, en 2018, un chiffre d'affaires très élevé (382,174 milliards de francs CFA). Ce qui lui a permis, *in fine*, de dégager un résultat bénéficiaire de 6,3 milliards de francs CFA nets d'impôts. En plus d'une masse salariale annuelle de 5,2 milliards de francs CFA, TOTAL Sénégal a versé dans les caisses de l'État sénégalais plus de 5,8 milliards de francs CFA, en 2018, au titre des impôts et taxes ainsi que de l'impôt sur le bénéfice. Sur le même registre fiscal, il importe de souligner, qu'en 2016, TOTAL Sénégal a fait l'objet de deux redressements fiscaux, suite à un contrôle sur pièces et à

---

[59] Site du ministère du pétrole et des énergies. Saisi à partir de : http://www.energie.gouv.sn/distribution-aval/

une vérification générale de sa comptabilité couvrant la période 2012 – 2016, pour un montant global de 1,8 milliard de francs CFA[60]. Généralement, à l'issue d'une mission de vérification fiscale, les inspecteurs des impôts essaient de trouver un accord amiable, financièrement supportable par l'entreprise prise à défaut, en s'accordant avec elle sur un montant inférieur à celui réellement établi. Même si on ne connaît pas la nature et l'ampleur des situations de non-conformité par rapport à la législation fiscale sénégalaise ayant entraîné ces redressements, on peut tout légitimement penser que les préjudices subis par le Fisc sénégalais étaient plus importants que le montant effectivement payé par TOTAL Sénégal (1,8 milliard de francs CFA). Pour une compagnie qui se voudrait socialement responsable et philanthropique (la compagnie a une Fondation à qui elle a versé, en 2018, au titre de donations, la somme de 100 millions de francs CFA), se faire prendre par le Fisc porte atteinte à l'image corporative véhiculée.

Tableau 4.1 : Quelques caractéristiques de TOTAL Sénégal en 2018

INDICATEURS	GRANDEURS
Nombre de stations-service	175 stations-service
Nombre de salariés	197
Montant du chiffre d'affaires annuel	382,174 milliards FCFA
Montant des charges de personnel	5,277 milliards FCFA
Montant des impôts et taxes	2,248 milliards FCFA
Montant payé au titre de l'impôt sur le résultat	3,640 milliards de FCFA
Résultat net bénéficiaire	6,3 milliards de FCFA

Sources : Total Sénégal SA. Rapport exercice 2018 présenté à l'AGO de juin 2019

[60] États financiers de TOTAL Sénégal de 2016 disponible sur le site de la BRVM, Saisi à partir de : https://www.brvm.org/sites/default/files/20170512-etats_financiers_exercice_2016-_total_senegal.pdf

Quoiqu'incomplet, étant donné, par exemple, que toute l'économie de la sous-traitance générée par les activités de la compagnie n'est pas dressée ici, ce bref portrait ainsi que les statistiques ci-dessus donnent une idée sur le poids de la pétrolière dans l'économie sénégalaise.

En 2016, suite aux nombreuses annonces de découvertes d'hydrocarbures dans les eaux territoriales sénégalaises, le Groupe TOTAL a pris la décision d'élargir ses activités au Sénégal à l'exploration et à la production d'hydrocarbures. Il crée à cette fin une nouvelle filiale dénommée TOTAL Exploration & Production Senegal (en abrégé TOTAL E & P Senegal). Les conditions dans lesquelles cette nouvelle filiale a bénéficié, en mai 2017, de la part de l'État du Sénégal, de deux contrats de recherche et de partage de production d'hydrocarbures restent nébuleuses et suscitent beaucoup de suspicions.

4.2 TOTAL E & P Senegal : le groupe s'engage dans l'exploration et la production

En 2016 et un peu avant, plusieurs études et rapports de recherche avaient établi que les zones offshores du Sénégal recèleraient d'énormes potentialités en hydrocarbures avec d'importantes réserves de gaz et de pétrole. La présence accrue de compagnies qualifiées de « juniors pétrolières » et l'intérêt, puis l'arrivée de quelques « majors » confirment ces potentialités. C'est ce moment que le Groupe TOTAL a choisi pour élargir ses activités au Sénégal à l'exploration et, éventuellement, à la production d'hydrocarbures. Cette décision laisse apparaître une volonté de rattraper le temps perdu en créant TOTAL Senegal E & P. Il fallait se faire inviter, rapidement, au banquet des hydrocarbures. Ce qui fut fait, dans un premier temps, à travers la signature d'un accord lors de la visite d'État du Président Macky Sall en France en décembre 2016. Il aura fallu pas moins de 5 mois pour que le Groupe se voie octroyer, par le Sénégal, deux contrats de recherche et de partage de production d'hydrocarbures.

En effet, l'État du Sénégal, représenté par le Premier ministre nommé, au pied levé, cumulativement ministre de l'Énergie et du

Développement des énergies renouvelables, Monsieur Mahammed Boun Abdallah Dionne, et TOTAL E & P Senegal, représentée par son Directeur général, par ailleurs Président directeur général du Groupe TOTAL, Patrick Pouyanné ont procédé, le 2 mai 2017, à la signature de deux contrats de recherche et de partage de production d'hydrocarbures (figure 4.1). Le premier contrat, Rufisque Offshore Profond (ROP), concerne une superficie de 10 357 km^2. Le second contrat, Ultra Deep Offshore (UDO), s'étend sur deux zones dont la superficie totale fait 65 248 km^2 : UDO Nord (47 539 km2) et UDO Sud (17 509 km2). Ces deux contrats sont approuvés par le Président de la République, Macky Sall, le 12 mai 2017, respectivement par les décrets n°s 2017-985 et 2017-985.

Figure 4.1 : Carte des blocs pétroliers au 31/12/2018

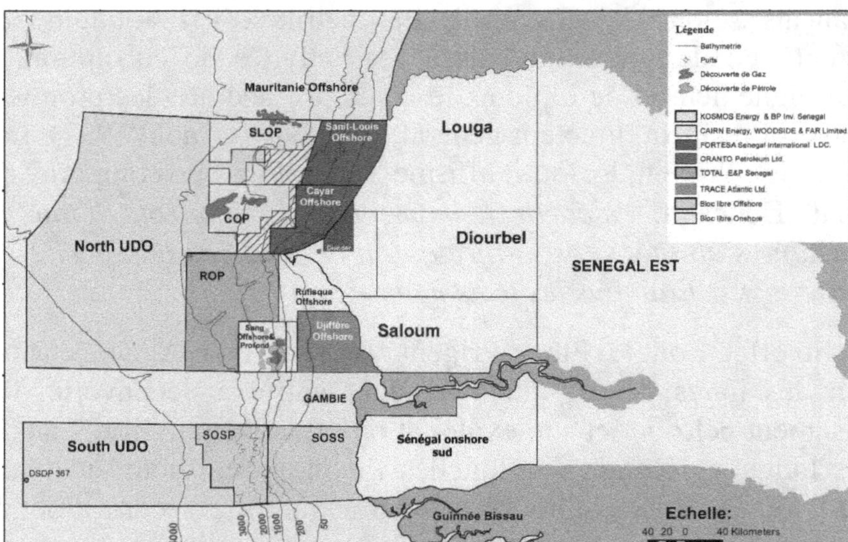

Sources : Initiative pour la Transparence dans les Industries Extractives (ITIE) — Sénégal, 2020[61]

[61] Site de l'ITIE Sénégal. Saisi à partir de : http://itie.sn/apercu-du-secteur-2/

4.3 Le Groupe TOTAL et les pratiques néocoloniales d'Elf-Aquitaine

Dans son ouvrage *« De quoi TOTAL est la somme ? »* publié en 2017, le philosophe, auteur et professeur québécois Alain Deneault[62] estime que le Groupe TOTAL est légataire d'Elf Aquitaine. Il faut rappeler qu'en 2000, le Groupe TOTAL a absorbé la compagnie Elf Aquitaine dont l'image était ternie par un scandale politico-financier. Elf Aquitaine s'était dotée d'un service d'espionnage et d'une diplomatie parallèles lui permettant de s'ingérer dans les affaires politiques intérieures des pays pétroliers notamment africains et de mettre en place un système de corruption d'une bonne partie de la classe politique française. Elf Aquitaine se trouvait, ainsi, au cœur d'un dispositif dont l'une des finalités était de maintenir les anciennes colonies dans le giron français, selon Alain Deneault. La doctrine d'Elf Aquitaine, qui tenait lieu de soubassements à ses activités de corruption, de renseignement et de diplomatie, peut être déduite des propos de son ex-Président directeur général (juin 1989 — août 1993), Loïk Le Floch-Prigent, lorsqu'il affirme, selon les propos rapportés par Alain Deneault, *« à partir du moment où il y a pétrole, il faut une certaine stabilité. C'est-à-dire qu'on ne peut pas imaginer avoir des coups d'État tous les trois mois »*[63].

En effet, Loïk Le Floch-Prigent rappelle, selon Alain Deneault, que les longs délais, qui s'écoulent entre la découverte d'un gisement pétrolier et son exploitation effective (environ 7 ans) et les longues décennies auxquelles l'exploitation pourrait donner lieu, rendent nécessaire la prise d'actions de sécurisation des investissements réalisés, que seul le pouvoir politique est capable de faire. Dans cette optique, favoriser la stabilité d'un régime politique reviendrait tout simplement à sécuriser ses investissements. Et pour favoriser la stabilité d'un régime, on peut puiser dans une panoplie de mesures allant de l'instauration de

---

[62] Alain Deneault (2017). De quoi Total est-elle la somme? Multinationales et perversion du droit. Les Editions Ecosociété, 444 pages

[63] Alain Deneault (2017). *Ibid.,* p.68

commissions et de rétro-commissions, jusqu'à la mise en place de caisses noires (pour corrompre les politiciens, les journalistes, les leaders d'opinion, etc.) en passant par des actions, parfois violentes, pour faire taire les voix de l'opposition.

La question qui se pose, lorsque le Groupe TOTAL, à travers sa filiale TOTAL E & P Senegal, bénéficie de deux contrats pour l'exploration et l'exploitation d'hydrocarbures en offshore de la part de l'État sénégalais, est de savoir s'il les a obtenus en bénéficiant des réseaux et vecteurs d'influence d'Elf Aquitaine qu'il avait absorbée en 2000 ? Cette question est plus qu'importante au regard des nombreuses péripéties qui ont entouré l'octroi de ces deux contrats notamment la démission du ministre en charge de l'Énergie d'alors, qui avait refusé de les signer. Elle se justifie, également, compte tenu des soupçons de favoritisme soulevés par certaines personnalités de la société civile.

Pour les dirigeants actuels du Groupe TOTAL, la réponse coule de source : tous les liens avec les pratiques illégales en vigueur au temps d'Elf Aquitaine sont rompus. Ce que semble confirmer la journaliste économique Anne Drif lorsqu'elle écrit, à propos du tabou qui continue d'entourer l'espionnage économique français, que *« les entreprises, elles-mêmes, gardent de mauvais souvenirs de leur propre officine de renseignement, comme Renault après sa fausse affaire d'espionnage, ou Total, qui s'est livré à un grand nettoyage après le rachat d'Elf »*[64]. Ce point de vue est réfuté par Alain Deneault, qui estime que l'ancienne Elf Aquitaine n'a pas été désarmée suite à son absorption par le Groupe TOTAL. Il écrit que *« les agents d'hier ainsi que les chefs d'État que l'entreprise a placés sous son aile restent liés à sa nouvelle mouture »*[65]. Il convoque à l'appui de son affirmation les propos de l'ex-Président

---

[64] Anne Drif (2019). Espionnage économique, le grand tabou français. Les Échos. Article mis en ligne le 27 juin 2018. Saisi à partir de : https://www.lesechos.fr/idees-debats/editos-analyses/espionnage-economique-le-grand-tabou-francais-133820

[65] Alain Deneault (2017). *Op. cit.*, p. 86

directeur général d'Elf Aquitaine, Loïk Le Floch-Prigent, qui sur le ton de l'évidence, affirme que rien des pratiques de l'ancienne Elf Aquitaine n'avait changé dans le cadre de la nouvelle entité en disant *« l'actuelle Total compte encore aujourd'hui sur des gens qui sont au courant du système, qui peuvent l'expliquer et qui n'ont jamais été convoqués par la justice »*[66].

Cette affirmation de Loïk Le Floch-Prigent paraît conforme à la réalité à la lumière de deux faits, en apparence anodins, mais fort révélateurs sur les orientations de la stratégie du Groupe TOTAL dans les domaines de la sécurité et du renseignement. Il s'agit de l'embauche de deux personnes dont le pedigree apporte un éclairage sur la stratégie de la firme en matière de sécurité, de sûreté et d'intelligence économique.

Le premier fait, est l'embauche du gendarme le plus respecté et le plus adulé en France : le Général Denis Favier. Au moment de son recrutement par le Groupe TOTAL, il était toujours en activité et occupait les fonctions de Directeur général de la Gendarmerie nationale française. Ce qui a constitué une première dans les annales de la Vᵉ République en France et provoqué une onde de choc. La popularité et le respect dont jouit le Général Favier viennent de ses faits d'armes notamment en menant personnellement, en décembre 1995, l'opération de libération des otages de l'Airbus à l'aéroport Marignane (Marseille) et en mettant hors d'état de nuire les terroristes qui avaient déclenché, en 2015, une vague d'attentats en France. C'est cette personne que le Groupe TOTAL est allé débaucher, alors qu'il était toujours officier d'active, pour en faire, depuis le 1ᵉʳ octobre 2016, son Directeur de la Sûreté avec un siège au top management. Pour rappel, la défunte Elf Aquitaine entretenait des relations incestueuses avec le Service de documentation extérieure et de contre-espionnage français, plus connu sous son acronyme SDECE. C'est de ce service qu'était issu, par exemple, Maurice Robert, ancien responsable du service Afrique d'Elf Aquitaine.

---

[66] *Ibid., p. 86*

Le second fait est une autre embauche, intervenue le 3 juin 2019. C'est celle de Jean-Claude Mallet, Conseiller spécial du chef de la diplomatie française, Jean-Yves Le Drian, qui a un état de services impressionnant : 43 années au service de l'État comme spécialiste des questions stratégiques et de défense. Jean-Claude Mallet est sorti du moule de l'ÉNA, a été normalien, Conseiller d'État et dispose d'une longue feuille de route au sein de l'appareil de défense et sécuritaire français. Il est embauché par le Groupe TOTAL au titre de Directeur des Affaires publiques. C'est lui qui a en charge les relations du Groupe avec les États en plus de s'occuper des questions d'intelligence économique.

Le recrutement de ces deux hauts cadres, expérimentés, compétents et respectés dans les domaines de la sécurité, du renseignement et de l'intelligence économique, laisse penser que certaines pratiques d'Elf Aquitaine auraient survécu à l'absorption de cette dernière par le Groupe TOTAL. C'est ce que pense aussi Pauline Tétillon lorsqu'elle dit qu'entre le Groupe TOTAL et la Françafrique *« l'histoire évolue, mais continue »*[67] étant donné que dans l'affaire Elf Aquitaine, ce sont *« des individus qui ont été jugés et condamnés (avec des peines partiellement appliquées), pas les pratiques, le système de corruption, les réseaux... dont Total a hérités »*[68]. Le recrutement de ces deux profils laisse penser que le Groupe TOTAL poursuivrait toujours des activités de renseignement sous couvert de la sécurité de ses nombreux sites d'exploitation éparpillés à travers le monde.

Au regard de ce qui précède, il est tout à fait légitime et pertinent de se poser des questions sur les conditions dans lesquelles le Groupe TOTAL, à travers sa filiale TOTAL E & P Senegal, s'est vu octroyer, par l'État du Sénégal, deux contrats de recherche et de partage de production d'hydrocarbures, en mai 2017, à la suite d'un appel d'offres où prenaient part certaines majors notamment British Petroleum (BP) et la multinationale américaine Kosmos Energy. Le Groupe TOTAL était arrivé en

---

[67] Pauline Tétillon (2019). *Op. cit.*

[68] Pauline Tétillon (2019). *Op. cit.*

cinquième position après dépouillement des offres reçues. Comment le cinquième d'une compétition peut être déclaré vainqueur de celle-ci ? Comment un soumissionnaire, qui ne présente pas la meilleure offre a-t-il pu remporter le marché ? Ces questions, et tant d'autres, appellent des réponses claires ou tout au moins des explications crédibles. Autrement, la victoire inexpliquée et inexplicable du Groupe TOTAL semble être un tour de passe-passe digne des alchimies qui sortaient directement des officines de la Françafrique au temps de Jacques Foccart ! Au-delà de son caractère surprenant, cette victoire a provoqué de profonds déchirements humains au sommet de l'État sénégalais avec la *« défenestration »* ou la *« démission »* de celui qui était au cœur de ce dossier, suite à son refus catégorique et obstiné de signer, en l'état, les deux contrats : le ministre de l'Énergie et du Développement des énergies renouvelables d'alors, Thierno Alassane Sall.

4.4 Des contrats léonins qui spolient et lèsent durablement le Sénégal

Le contrat de recherche et de partage de production d'hydrocarbures (CRPPH) de Rufisque offshore profond (ROP) signé avec TOTAL E & P Senegal est l'exemple parfait d'un accord léonin. Il suffit de comparer ce contrat avec d'autres du même type pour s'en rendre compte. Aux fins de cet exercice, le CRPH de TOTAL E & P Senegal concernant Rufisque offshore profond (ROP), signé le 2 mai 2017 puis approuvé le 9 mai 2017, est ainsi comparé à deux autres contrats similaires :

- Saint-Louis offshore shalow (SLOS) signé, le 29 mai 2015, au profit de la compagnie ORANTO Petroleum Limited et approuvé le 20 août 2015 ;
- Rufisque offshore profond (ROP) signé, le 25 octobre 2011, au profit d'AFRICAN Petroleum Senegal et approuvé le 25 octobre 2011. Il est important de noter que ce contrat serait rompu, en avril 2016, par l'État du Sénégal. C'est ce même bloc qui va être réaffecté, en mai 2017, à TOTAL E & P Senegal.

Au-delà de la comparaison, on peut, également, voir l'évolution des pratiques contractuelles des autorités sénégalaises dans le domaine des hydrocarbures au cours des dernières années.

Le tableau de comparaison, au complet, est joint en annexe (annexe n° 4.1). Il démontre la générosité inexplicable des autorités sénégalaises à l'égard du Groupe TOTAL, ceci au détriment de leur peuple dont elles sont censées représenter les intérêts. C'est tout simplement un bradage en bonne et due forme qu'on a assisté. Un dépouillage en règle du peuple sénégalais de ses ressources. Ci-dessous, sont fournis quelques exemples concrets, tirés du tableau de comparaison, qui confortent toutes les personnes qui pensent que TOTAL E & P Senegal a été favorisée indument par l'État sénégalais.

Faveurs sur les délais

- Délai d'approbation des contrats : il a fallu 9 jours francs seulement, après sa signature, pour que le contrat de TOTAL E & P Senegal soit approuvé par le Président de la République. Pour rappel, c'est le sceau présidentiel qui marque la date de prise d'effets du CRPPH. Pour African Petroleum et Oranto Petroleum ce délai était, respectivement, de plus de 3 semaines et près de 3 mois. Ce très court délai n'est pas le reflet d'une efficacité administrative. C'est le résultat de l'intérêt que le Chef suprême de l'Administration, le Président de la République en l'occurrence, a manifesté à l'égard de ce contrat : il a personnellement reçu, le jour de la signature du contrat, Patrick Pouyanné tout puissant PDG du groupe TOTAL. Les administrations africaines fonctionnent toujours selon le principe : *« tout ce qui intéresse mon patron me passionne ! »*[69]. Donc, on fait preuve de célérité et de diligence dans le traitement de tous les dossiers pour lesquels le Chef suprême a manifesté un intérêt.

[69] Expression populaire au Québec pour qualifier le dévouement d'un agent à son supérieur hiérarchique.

- Durée de l'exploration (recherche) : dans les cas d'African Petroleum et d'Oranto Petroleum, la durée de l'exploration (recherche) pétrolière est fixée à huit (8) années, alors que TOTAL E & P Senegal se voit offrir une durée d'exploration de neuf (9) années. Soit une (1) année de plus. Ainsi, TOTAL E & P Senegal dispose de quatre (4) années pour la recherche initiale, trois (3) années pour un premier renouvellement et de deux (2) autres années pour un second renouvellement.

- Date d'engagement de démarrage des travaux de recherche : la même disposition des CRPPH qui oblige les contractants à démarrer effectivement leurs activités de recherche trois (3) mois après la date de prise d'effets des contrats (date d'approbation), a été modifiée et portée à six (6) mois pour TOTAL E & P Senegal. Ce qui implique qu'on lui a donné plus de temps que les autres pour se préparer et démarrer ses activités sans être prise dans des délais serrés. Cette mansuétude porte un nom : favoritisme.

- Délai pour soumettre un programme d'évaluation des gisements en cas de découverte : lors de ses activités d'exploration (de recherche), toute compagnie contractante qui découvre des hydrocarbures doit aussitôt le notifier au ministre en charge de l'Énergie et lui soumettre, par la suite, un programme de travaux et de tests visant à évaluer les quantités d'hydrocarbures découvertes. Les compagnies contractantes sont ainsi fermées dans des délais précis pour transmettre ce programme de travaux. Alors qu'African Petrolum et Oranto Petroleum se sont vu imposer des délais de six (6) mois, TOTAL E & P Senegal bénéficie, pour sa part, un délai de douze (12) mois. Soit le double. Ce qui lui permettra de ne courir aucun risque de dépassement des délais, puis qu'ayant tout le temps nécessaire pour se préparer, donc de ne pas être exposée à d'éventuelles sanctions. Ce qui est inique et rompt l'égalité de traitement entre les contractants.

Faveurs sur les surfaces de données sismiques 3D à acquérir et à traiter

– Surfaces de données sismiques 3D à acheter et à traiter : lors de la phase initiale d'exploration (de recherche), les compagnies contractantes sont tenues d'acheter un certain nombre de surfaces de données sismiques 3D, à l'intérieur de la zone contractuelle (le bloc attribué) auprès de PETROSEN et à les traiter. Oranto Petroleum s'est vu imposer l'achat de 1 500 km2 de surfaces de données sismiques 3D puis à les traiter. Soit 28,6% de la surface de sa zone contractuelle (5 250 km2). En ce qui concerne TOTAL E & P Senegal, faveur lui a été accordée d'acheter et de traiter, durant la phase initiale de recherche, 7 000 km2 de sa zone contractuelle. Cela représente 67,6% de celle-ci. Soit 2,3 fois de surfaces de données sismiques 3D qu'Oranto Petroleum. Ce qui lui donne une aire de prospection plus étendue, donc une probabilité plus grande de trouver des hydrocarbures.

Faveurs sur les montants à investir pour l'achat et le traitement de surfaces de données sismiques 3D

– Achat de surfaces de données sismiques 3D : Oranto Petroleum a l'obligation de consacrer au minimum 10 millions $US, durant sa phase d'exploration, à l'achat de surfaces de données sismiques 3D et à leur traitement en vue de mener à bien les travaux géologiques et géophysiques nécessaires. Ce qui donne, par rapport aux surfaces de données sismiques à acquérir (1 500 km^2) un investissement moyen minimal de 6 667 $US par km2 de surface de données sismiques 3D. Lorsqu'il s'est agi de TOTAL E & P Senegal, l'État sénégalais lui a imposé de consacrer minimalement, durant la phase d'exploration, 17,5 millions $US à l'achat et au traitement de surfaces de données sismiques 3D. Rapporté au km^2 de surface de données sismiques 3D (7 000 km^2), cet investissement donne un montant minimal de 2 500 $. En termes d'efforts d'investissement, cela représente 2,6 fois moins que ceux exigés à la compagnie Oranto Petroleum. Ce qui constitue une faveur flagrante au profit de TOTAL E & P Senegal.

Faveurs sur les règles de partage de la production pétrolière lors de la phase d'exploitation

- Part maximale de la production pétrolière affectée aux coûts de production (avant partage) : une partie de la production totale commerciale (quantités de pétrole ou de gaz produites moins celles utilisées dans les opérations de production et celles perdues lors de ces opérations) va servir à couvrir les coûts et dépenses auxquels la compagnie contractante a été exposée. Le pourcentage de la production totale commerciale que TOTAL E & P Senegal peut consacrer à la couverture de ses coûts de production est plus élevé (70%) que celui consenti à Oranto Petroleum (65%). Il est aisé de comprendre qu'autant ce pourcentage est faible, autant il y aura de quantité d'hydrocarbures à se partager, donc, le Sénégal gagnerait plus de revenus tirés de l'exploitation de ses hydrocarbures. Il est curieux de constater que l'État du Sénégal a fait un brusque retour en arrière au détriment de ses propres intérêts et à l'avantage de TOTAL E & P Senegal. En effet, le Sénégal était parvenu à imposer, en 2015, une réduction de ce pourcentage en le ramenant de 75% (avec African Petrolum en 2011) à 65% lors de la signature du contrat avec Oranto Petroleum. Soit 10% de gain sur les quantités produites à se partager ! Ce qui constituait en soi un excellent acquis qui augurait des lendemains meilleurs. Malheureusement, c'est à un recul qu'on a assisté : ce pourcentage est porté à 70% lors de la signature du contrat, deux années après, avec TOTAL E & P Senegal. Bien évidemment, cela avantage cette dernière au détriment du Sénégal.

- Part minimale de la production des hydrocarbures à partager entre la compagnie contractante, PETROSEN et l'État du Sénégal : c'est le reliquat (production restante) de la production totale commerciale après avoir déduit la part qui sert à couvrir les coûts de production. Elle est de 30% (dans le contrat de TOTAL E & P Senegal) contre 35% dans le contrat signé un an auparavant avec la compagnie Oranto Petroleum. Il convient de préciser que dans tous les contrats de recherche et de partage de production d'hydrocarbures, par partie contractante, il faut comprendre la compagnie pétrolière et PETROSEN (société anonyme à participation publique majoritaire chargée de mettre en œuvre la politique pétrolière du Sénégal et d'en assurer sa promotion). PETROSEN bénéficie automatiquement une part d'intérêts de 10% de la zone contractuelle sans aucune contrepartie à la signature d'un contrat.

- Partage de cette part minimale de la production des hydrocarbures entre l'État du Sénégal, PETROSEN et la compagnie contractante : il s'effectue en fonction de la production journalière d'hydrocarbures exprimée en nombre de barils par jour. Chaque niveau de production donne lieu à une clé de répartition. Elle s'exprime en pourcentages. Ces derniers varient de 35 à 58%, selon le niveau de production, dans les contrats d'Oranto Petroleum et d'African Petroleum. Ils sont plus élevés que ceux prévus dans le contrat liant le Sénégal et TOTAL E & P Senegal, lesquels varient de 26 à 50% (tableau 4.2). Il est inexplicable, voire scandaleux de constater cette régression attentatoire aux intérêts du peuple sénégalais, en deux années (entre le moment de la signature du contrat d'Oranto Petroleum et celle de TOTAL E & P Senegal), alors qu'on s'attendait, en toute logique, à une capitalisation des acquis précédents. Comment imaginer, avec toutes les découvertes d'hydrocarbures annoncées ainsi que l'habitude de négocier des contrats de recherche et de partage de production d'hydrocarbures acquise par l'Administration sénégalaise, que les pourcentages de partage se réduisent au détriment du Sénégal ? Aucune raison objective, aucune rationalité, ne saurait expliquer cette décision de concéder à TOTAL E & P Senegal cette faveur. Celle-ci ne fait que témoigner l'extrême faiblesse des autorités sénégalaises devant la compagnie et/ou des autorités françaises. Cela est d'autant plus incompréhensible, voire inadmissible quand on sait que le bloc attribué à TOTAL E & P Senegal était celui d'African Petroleum, avant qu'il ne lui soit retiré en avril 2016. Les pourcentages de répartition prévus au contrat African Petroleum variaient de 35 à 58% ! Si les autorités sénégalaises sont incapables de négocier la hausse des pourcentages de partage, au moins qu'elles les laissent au niveau où ils étaient ! Ces bizarreries prouvent, tout simplement, qu'il serait passé beaucoup de choses peu orthodoxes qu'on continue de cacher au peuple sénégalais.

Le caractère inique, désavantageux et scandaleux de ces règles de partage, surtout celles contenues dans le contrat liant le Sénégal à TOTAL E & P Senegal, apparaît de façon plus nette avec la simulation des revenus pétroliers qui échoiraient aux parties prenantes. Cette simulation est faite à partir du prix moyen annuel du baril de pétrole brut de l'Organisation des producteurs et exportateurs de pétrole (OPEP) en 2019[70], soit 62,98$ US, et de cinq niveaux de production totale commerciale journalière (50 000, 100 000, 150 000, 200 000 et plus de 200 000 barils). L'intégralité des résultats de la simulation permettant d'estimer les revenus pétroliers que pourrait engranger chacune des trois parties prenantes est jointe en annexe (annexe n° 4.2).

On peut retenir de cette simulation que les intérêts du Sénégal sont gravement lésés, surtout dans le contrat le liant avec TOTAL E & P Senegal. Ils ont été ignorés. Cela est manifeste et nul besoin d'une loupe pour voir cette forfaiture, car c'est le seul terme, qui qualifie le mieux ce qui s'est passé. A contrario, il est facile de constater que le contrat qui a été le mieux négocié, le plus avantageux pour le Sénégal est celui passé avec la compagnie Oranto Petroleum (tableau 4.3). Cela ne saurait être surprenant, car le ministre en charge de l'Énergie qui l'a négocié était celui

[70] https://fr.statista.com/statistiques/564926/prix-annuel-du-petrole-de-l-opep-1960/

qui a rendu son tablier au matin de la signature du contrat avec TOTAL E & P Senegal pour ne pas cautionner une forfaiture.

Si le contrat qui liait le Sénégal avec African Petroleum avait les mêmes pourcentages de partage que celui d'Oranto Petroleum, il était, toutefois, moins avantageux que le second cité (tableau 4.4). En effet, l'assiette sur laquelle devaient être appliqués ces pourcentages (production restante) était de 10% moins élevée (25% de la production totale commerciale) que celle prévue dans le contrat de Saint-Louis offshore Shalow avec Oranto Petroleum (35% de la production totale commerciale). Autant l'assiette est large, plus les revenus à engranger par le Sénégal seraient importants.

En ce qui concerne le contrat liant le Sénégal à TOTAL E & P Senegal, il est doublement désavantageux comparativement à celui passé avec la compagnie Oranto Petroleum (tableau 4.5) : l'assiette de calcul des revenus pétroliers a régressé (30% contre 35%) et les pourcentages de répartition ont rétréci comme peau de chagrin (un plancher trop bas, 26% et un maximum plafonné à 50%).

Tableau 4.2 : Règles de partage de la production restante selon les contrats et selon les niveaux de production journalière

SAINT-LOUIS OFFSHORE SHALAOW (ORANTO PETROLEUM)			RUFISQUE OFFSHORE PROFOND (AFRICAN PETROLEUM)			RUFISQUE OFFSHORE PROFOND TOTAL E & P Senegal		
Production journalière (barils)	Part de l'État	Part de la compagnie et de PETROSEN	Production journalière (barils)	Part de l'État	Part de la compagnie et de PETROSEN	Production journalière (barils)	Part de l'État	Part de la compagnie et de PETROSEN
0 - 30 000	35%	65%	< 30 000	35%	65%	0 - 50 000	26%	74%
30 000 - 60 000	40%	60%	30 001 - 60 000	40%	60%	50 001 - 100 000	31%	69%
60 000 - 90 000	50%	50%	60 001 - 90 000	50%	50%	100 001 - 150 000	36%	64%
90 000 - 120 000	54%	46%	90 001 - 120 000	54%	46%	150 001 - 200 000	41%	59%
> 120 000	58%	42%	> 120 000	58%	42%	> 200 000	50%	50%

Sources : Contrats de recherche et de partage de production d'hydrocarbures des 3 compagnies

Tableau 4.3 : Estimations des revenus à percevoir par le Sénégal et par la compagnie **Oranto Petroleum** selon le niveau de production totale commerciale journalière

PRODUCTION TOTALE COMMERCIALE	PART AFFECTÉE AUX COÛTS DE PRODUCTION	PRODUCTION RESTANTE	TRANCHES DE PARTAGE APPLICABLES (%)		SÉNÉGAL			ORANTO PETROLEUM
(nombre de barils / jour)	65%	35%	État	Oranto Petroleum + Petrosen	État *($ US)*	Petrosen *($ US)*	Sous-total *($ US)*	*($ US)*
50 000	32500	17 500	40%	60%	440 860	66 129	506 989	595 161
100 000	65000	35 000	54%	46%	945 000 000	80 500 000	1 025 500 000	724 500 000
150 000	97500	52 500	58%	42%	3 045 000 000	220 500 000	3 265 500 000	1 984 500 000
200 000	130000	70 000	58%	42%	6 090 000 000	441 000 000	6 531 000 000	3 969 000 000
250 000	162500	87 500	58%	42%	10 150 000 000	735 000 000	10 885 000 000	6 615 000 000

Sources : Calculs de l'auteur selon le contrat de recherche et de partage de production d'hydrocarbures

Tableau 4.4 : Estimations des revenus à percevoir par le Sénégal et par la compagnie **African Petroleum** selon le niveau de production totale commerciale journalière

PRODUCTION TOTALE COMMERCIALE	PART AFFECTÉE AUX COÛTS DE PRODUCTION	PRODUCTION RESTANTE	TRANCHES DE PARTAGE APPLICABLES (%)		SÉNÉGAL			AFRICAN PETROLEUM
(nombre de barils / jour)	75%	25%	État	African Petroleum + Petrosen	État *($ US)*	Petrosen *($ US)*	Sous-total *($ US)*	*($ US)*
50 000	37 500	12 500	40%	60%	314 900	47 235	362 135	425 115
100 000	75 000	25 000	54%	46%	675 000 000	57 500 000	732 500 000	517 500 000
150 000	112 500	37 500	58%	42%	2 175 000 000	157 500 000	2 332 500 000	1 417 500 000
200 000	150 000	50 000	58%	42%	4 350 000 000	315 000 000	4 665 000 000	2 835 000 000
250 000	187 500	62 500	58%	42%	7 250 000 000	525 000 000	7 775 000 000	4 725 000 000

Sources : Calculs de l'auteur selon le contrat de recherche, de production et partage d'hydrocarbures

Tableau 4.5 : Estimations des revenus à percevoir par le Sénégal et par la compagnie **TOTAL E & P Senegal** selon le niveau de production totale commerciale journalière

PRODUCTION TOTALE COMMERCIALE	PART AFFECTÉE AUX COÛTS DE PRODUCTION	PRODUCTION RESTANTE	TRANCHES DE PARTAGE APPLICABLES (%)		SÉNÉGAL			TOTAL E & P
(nombre de barils / jour)	70%	30%	État	TOTAL E & P + Petrosen	État *($ US)*	Petrosen *($ US)*	Sous-total *($ US)*	*($ US)*
50 000	32 500	17 500	26%	74%	286 559	81 559	368 118	734 032
100 000	65 000	35 000	31%	69%	542 500 000	120 750 000	663 250 000	1 086 750 000
150 000	97 500	52 500	36%	64%	1 890 000 000	336 000 000	2 226 000 000	3 024 000 000
200 000	130 000	70 000	41%	59%	4 305 000 000	619 500 000	4 924 500 000	5 575 500 000
250 000	162 500	87 500	50%	50%	8 750 000 000	875 000 000	9 625 000 000	7 875 000 000

Sources : Calculs de l'auteur selon le contrat de recherche, de production et partage d'hydrocarbures

En définitive, le Sénégal perd au change dans le contrat qui le lie à TOTAL E & P concernant Rufisque offshore profond (tableau 4.6). Quelle que soit l'hypothèse du niveau de production totale retenue. Il perd énormément comparativement au contrat avec Oranto Petroleum et toutes ses pertes correspondraient à un enrichissement de la multinationale :

- 138 871 $US de pertes estimées si le niveau de production est de 50 000 barils / jour ;
- 362,250 millions $US de pertes estimées si le niveau de production est de 100 000 barils / jour ;
- 1,039 milliard $US de pertes estimées si le niveau de production est de 150 000 barils / jour ;
- 1, 606 milliard $US de pertes estimées si le niveau de production est de 200 000 barils / jour ;
- 1,260 milliard $US de pertes estimées si le niveau de production est plus de 200 000 barils / jour.

Avec toutes ces pertes de revenus possibles, on peut comprendre pourquoi TOTAL E & P Senegal a fait preuve de magnanimité à l'égard du Sénégal en acceptant de lui verser, sans contrepartie, un bonus de signature de 5 millions $US, puis 1 million $US par année (de recherche et de production) pour contribuer au financement du plan de formation du ministère de l'Énergie et celui de PETROSEN. À cela, il faut ajouter, pour être complet, les 10 millions $US gracieusement offerts par le Groupe TOTAL à l'État du Sénégal pour appuyer la création et le fonctionnement d'un Institut national des métiers du pétrole et du gaz. Que représentent ces montants par rapport aux pertes prévisibles sur les revenus pétroliers à percevoir comme montrées ci-dessus ? Rien du tout ! Ce sont des peanuts ! Ce sont des montants qui visent à anesthésier les Autorités sénégalaises et à leur donner des éléments de discours à rabâcher, sans discontinuité, grâce aux relais tapis dans la presse, pour faire croire qu'elles ont bien négocié. Au contraire, les ressources du pays, celles qui appartiennent à toutes et tous ainsi qu'aux générations futures ont été purement et simplement bradées. Après le scandale Frank Timis (autre bénéficiaire de lucratifs contrats de recherche, de production et de partage d'hydrocarbures qu'il s'est empressé de revendre à des majors en plus d'être l'actionnaire majoritaire d'African Petroleum), le contrat accordé à TOTAL E & P Senegal est en passe d'en être un s'il ne l'est déjà.

Tableau 4.6 : Pertes / Gains estimés(es) pour le Sénégal et pour TOTAL E & P Senegal comparativement au contrat de recherche, de production et de partage d'hydrocarbures de Saint-Louis Offshore Shalow selon le niveau de production totale commerciale journalière

PRODUCTION TOTALE COMMERCIALE *(nombre de barils / jour)*	SAINT-LOUIS OFFSHORE SHALOW (ORANTO PETROLEUM)		RUFISQUE OFFSHORE PROFOND (TOTAL E & P SENEGAL)		PERTES / GAINS	
	SÉNÉGAL *($ US)*	ORANTO PETROLEUM *($ US)*	SÉNÉGAL *($ US)*	TOTAL E & P Senegal *($ US)*	SÉNÉGAL *($ US)*	TOTAL E & P Senegal *($ US)*
50 000	506 989	595 161	368 118	734 032	-138 871	138 871
100 000	1 025 500 000	724 500 000	663 250 000	1 086 750 000	-362 250 000	362 250 000
150 000	3 265 500 000	1 984 500 000	2 226 000 000	3 024 000 000	-1 039 500 000	1 039 500 000
200 000	6 531 000 000	3 969 000 000	4 924 500 000	5 575 500 000	-1 606 500 000	1 606 500 000
250 000	10 885 000 000	6 615 000 000	9 625 000 000	7 875 000 000	-1 260 000 000	1 260 000 000

Sources : Calculs de l'auteur selon les contrats de recherche, de production et partage d'hydrocarbures

4.5 Mensonges et manipulations pour cacher la forfaiture

Une telle forfaiture, d'une ampleur insoupçonnée, n'a été rendue possible et continue de prospérer que grâce aux agents-relais et mercenaires de tout acabit sur lesquels reposent celles et ceux qui l'ont ourdie et mise en œuvre. Ces agents-relais et mercenaires sont constitués de journalistes, de propriétaires d'entreprises de médias, de leaders d'opinion, d'intellectuels fourbes, de chefs traditionnels, de guides religieux et de politiciens professionnels qui vivent aux basques de celles et ceux qui ont les moyens d'acheter leurs services. Pour ces agents-relais et ces mercenaires, les notions de « nationalisme », de « patriotisme », de « République », d'« intégrité », d'« éthique », de « responsabilité », de « valeurs », d'« imputabilité », de « reddition des comptes » et de « transparence » sont des concepts théoriques, voire creux, qui ne sont bons qu'à mettre dans un discours. Ce sont des concepts abstraits qui ne sont utiles que dans les débats publics et autres joutes politiques pour donner bonne impression et/ou faire des effets de manche. Pour eux, l'essentiel réside dans la possibilité de saisir les opportunités de captation et de conservation des maigres ressources nationales. Ils sont convaincus que la richesse individuelle est la seule chose qui importe dans une société de plus en plus matérialiste et égoïste. Peu importe les moyens. S'enrichir, s'enrichir rapidement et s'enrichir plus, par tous les moyens, dans toutes les circonstances, à toutes les occasions et au détriment de n'importe qui, telle semble être leur devise.

Ces agents-relais et mercenaires, consciemment ou inconsciemment, participent à des campagnes de justification et de légitimation, de forfaits ignobles commis au détriment du peuple, concoctées dans des officines de gourous labélisées cabinets de communication et/ou de conseils stratégiques.

Dans le cas du pétrole sénégalais, généreusement offert à TOTAL E & P Senegal sur un plateau d'argent, de manière injustifiée et indue, les agents-relais et mercenaires se sont évertués à faire croire à l'opinion publique que si cette « grosse multinationale », habituellement confinée dans la distribution et la commercialisation des hydrocarbures au Sénégal, s'intéresse à la recherche et à la production pétrolières, cela ne peut être que dans l'intérêt du pays. Donc, toute personne soucieuse des intérêts du Sénégal, de son développement, de sa prospérité et de son émergence, devrait applaudir et magnifier la conclusion de contrats de recherche, de production et de partage d'hydrocarbures avec le Groupe TOTAL. Ci-après, sont décrites trois opérations de « communication » rondement menées par ces agents-relais et mercenaires pour faire passer une forfaiture en coup gagnant.

4.5.1 Discréditer l'ex-ministre qui s'était opposé à la signature des contrats

Le refus de signer les deux contrats de recherche, de production et de partage d'hydrocarbures au profit de TOTAL E & P Senegal par l'ex-ministre en charge de l'Énergie, Thierno Alassane Sall, serait porteur de plusieurs menaces, aux conséquences désastreuses pour les intérêts des lobbys en place. Surtout sur l'image des institutions et sur celle des personnes qui les incarnent. Il fallait vite circonscrire les effets éventuels d'une telle bravade. En effet, si le message (les intérêts du Sénégal d'abord) que l'ex-ministre a voulu faire passer, à travers son acte spectaculaire et téméraire, avait eu un écho auprès des populations, cela aurait jeté beaucoup de discrédit sur les institutions et sur la première d'entre elles : le Président de la République.

Alors, une féroce campagne de dénigrement et de discrédit est lancée contre lui à travers les médias. Le débat que les agents-relais et les mercenaires ont imposé aux Sénégalais tournait uniquement autour de deux axes : magnifier le caractère à poigne du Président de la République, qui a su faire preuve d'autorité en limogeant un subordonné récalcitrant et exposer les accointances supposées de l'impertinent ex-ministre avec les majors pétrolières anglo-saxonnes. Tout le débat public portant sur l'octroi de ces deux contrats au Groupe TOTAL se résumait, par la suite, à une seule question, inutile et réductrice : l'ex-ministre a-t-il été limogé ou a-t-il démissionné de son propre gré comme il le prétend ? Et pour eux, la réponse est claire : l'ex-ministre s'est fait montrer la porte !

Ainsi, les agents-relais et les mercenaires sont parvenus à occulter les vrais sujets autour desquels aurait dû s'articuler un débat national vigoureux, contradictoire, mais constructif : pourquoi le classement obtenu, après évaluation des offres reçues, n'est pas respecté ? Qu'est-ce qui vaut au Groupe TOTAL, classé en 5e position à l'issue de l'évaluation des offres reçues, d'être déclaré gagnant ? Pourquoi les contrats signés n'ont pas été immédiatement rendus disponibles et qu'il a fallu attendre plusieurs mois, après moult pressions, pour que ça soit le cas ? Quelles seraient les réelles retombées (financières, emplois, économiques, environnementales, sociales, etc.) attendues de ces deux contrats ? Quelles sont les mesures mises en place pour éviter que toute spéculation (cession des parts d'intérêts, en tout ou partie) ne se fasse au détriment du Sénégal ? Last but not least.

Lorsque le disque sur la poigne du Président de la République est devenu rayé et que la mayonnaise sur les accointances de l'ex-ministre avec les majors anglo-saxonnes n'a pas pris, les agents-relais et les mercenaires, jamais à court d'idées maléfiques, sont passés au niveau supérieur : des attaques *ad hominem* qui vont peindre l'ex-ministre comme un aigri, un éternel mécontent, un revanchard, un homme rigide, etc. Tout cela au contraire des bonnes pratiques et règles qui régissent la vie publique dans les pays démocratiques. Dans ces derniers, les personnes qui refusent des compromissions, qui mettent l'intérêt public devant celui de leur propre personne, qui font preuve de nationalisme et qui ont une colonne vertébrale pour se tenir debout, sont célébrées et respectées. Au Sénégal, on vous perçoit comme un empêcheur de tourner rond. Donc, une cible à abattre par tous les moyens. Ce n'est pas une pratique spécifique au seul milieu pétrolier. Elle est générale et systématisée dans la société sénégalaise : la compétence et l'honnêteté sont suspectes, voire constituent une tare ; la malhonnêteté et la roublardise sont magnifiées et donnent droit au respect, pourvu de savoir redistribuer une partie des ressources malhonnêtement acquises.

4.5.2 Accréditer la thèse selon laquelle le Groupe TOTAL a pris d'énormes risques

Tout investissement comporte des risques. Ça tout le monde le comprend. Les risques encourus lors d'un investissement sont proportionnels aux montants investis. Ça aussi, tout le monde le sait. Nul besoin d'avoir fait une grande école de commerce ou une université pour le savoir.

Deux faits, grandement relatés dans la presse locale sont révélateurs de la volonté de personnes, tapies dans l'ombre, de manipuler l'opinion publique à l'aide de mensonges généralement cousus de fils blancs. La finalité visée serait de conforter, auprès de l'opinion publique sénégalaise, la thèse selon laquelle les Sénégalais devraient se sentir chanceux d'avoir une major comme TOTAL qui accepte de venir dépenser beaucoup d'argent à des fins exploratoires avec tous les risques que cela comporte.

Le premier fait est relatif à la très grande diffusion des propos du Directeur général de TOTAL E & P Senegal, tenus, en avril 2019, lors du forum de l'Institut national du pétrole et du gaz du Sénégal (INPG) sous le titre, qui a barré la Une de plusieurs supports médiatiques sénégalais : *« Investir dans le pétrole et le gaz sénégalais serait très risqué »*[71]. Dans les nombreux articles de presse qui ont relayé cette intervention, on lui prête les propos suivants : *« Total a pris l'engagement de revenir au Sénégal et est la seule compagnie major qui a décidé de prendre en charge l'exploration offshore. On a pris le risque de dépenser de l'argent en ne connaissant pas les résultats (pour) contribuer à l'ambition*

[71] Bassirou Dieng (2019). Investir dans le pétrole et le gaz sénégalais serait très risqué. Article publié dans le quotidien Le Témoin et repris par le journal en ligne SENEPLUS. Saisi à partir de : https://www.seneplus.com/economie/le-directeur-de-total-ep-senegal-parle-d-investissement-risque

du Sénégal d'atteindre ses ambitions d'être un très grand pays pétrolier »[72]. Ces propos auraient eu tout leur sens et ne provoqueraient aucun scepticisme si le Groupe TOTAL avait pris la décision d'investir dans la recherche et, éventuellement, dans la production d'hydrocarbures au Sénégal avant 2014 ! Pourquoi 2014 ? Parce que tout simplement, à cette année, plusieurs rapports officiels établissaient, déjà, la découverte d'importantes réserves de gaz et de pétrole au Sénégal, alors que TOTAL E & P Senegal a vu le jour et incorporée le 4 novembre 2016 sous la forme juridique de société par actions simplifiée à associé unique en France et sa succursale sénégalaise créée le 29 août 2017 !

En effet, en 2014, le rapport de conciliation du Comité national de l'Initiative pour la transparence dans les industries extractives (ITIE) mentionnait *« à la fin de 2014, Cairn et ses partenaires de JV ont foré deux puits au large des côtes sénégalaises, représentant un investissement de plusieurs millions de dollars. Du pétrole a été découvert dans les deux puits, ce qui a ouvert un nouveau bassin pétrolier sur la marge continentale de l'Atlantique. Ces puits étaient les premiers à être forés au large des côtes du Sénégal en plus de 20 ans, et les premiers puits en eau profonde. Le succès du programme et les découvertes ont attiré l'attention de l'industrie pétrolière mondiale »*[73]. Le rapport fait également état de réserves prouvées récupérables (P90) de 150 millions de barils et des réserves de 330 millions de barils qui ont 50% de chances d'être exploitables (P50) au niveau du puits SNE-1. Pour le puits FAN-1, les découvertes étaient encore plus importantes selon le rapport 2014 du Comité national de l'ITIE : des réserves de 250 millions de barils (P90) et de 2,5 milliards de barils (P50). Dans le périmètre qui appartenait à African Petroleum (Rufisque offshore profond) que l'État sénégalais a repris pour le refiler à TOTAL E & P Senegal, le rapport 2014 du CN-ITIE écrit *« les évaluations indépendantes ont donné des*

[72] *Ibid.*

[73] CN-ITIE (2016). Rapport de conciliation 2014. Comité national de l'Initiative pour la transparence dans les industries extractives (ITIE), p. 46

estimations de ressources potentielles évaluées à 1 779 millions de barils en réserves de stockage (MBRS) »[74].

Tous ces éléments tangibles et incontestables viennent anéantir les propos du DG de TOTAL E & P Senegal que la presse sénégalaise a largement relayés avec complaisance. Il s'y ajoute, que la création et l'incorporation de TOTAL E & P Senegal (4 novembre 2016) sont intervenues à trois semaines de la visite d'État en France effectuée par Macky Sall, visite au cours de laquelle une entente a été signée entre l'État du Sénégal et le Groupe TOTAL pour effectuer des recherches d'hydrocarbures offshore. La vérité est que le Groupe TOTAL savait pertinemment, lorsqu'il prenait la décision de s'engager dans la recherche et la production d'hydrocarbures offshore au Sénégal, que le large des côtes de celui-ci recèle d'énormes potentialités. L'afflux des autres juniors et majors du secteur pétrolier mondial l'a amené à se rendre compte de son retard et fait prendre conscience qu'il était urgent de se faire inviter, rapidement, au banquet. C'est ça la vérité. Le Groupe TOTAL est présent au Sénégal pour ses intérêts propres, pour accroître sa profitabilité au grand bonheur de ses actionnaires et non pour contribuer à la mise en œuvre de la politique pétrolière du Sénégal. Tout le reste n'est que du baratin et du pur vernis !

Le second fait est un article de presse, aussi, très largement relayé par les médias sénégalais et qui a provoqué beaucoup de commentaires. Il fallait faire connaître, à grand renfort médiatique, que les premières recherches de TOTAL au Sénégal n'ont rien donné et, par-là, insinuer que toutes les personnes qui s'étaient élevées contre l'attribution du bloc de Rufisque offshore profond à la compagnie auraient tort, à commencer par l'ex-ministre qui avait refusé d'avaliser le contrat.

[74] Ibid.

Dans cet article au titre évocateur *« Chou banc total pour... TOTAL »*[75], il y est écrit notamment que *« le forage qu'elle (TOTAL) a réalisé dans son bloc Rufisque offshore profond, n'a rien donné. Autrement dit, la major pétrolière française (...) a fait chou blanc ! Après des mois d'efforts, le résultat est à crever le cœur : un puits sec. En clair, pas une seule goutte de pétrole n'a été découverte dans ce bloc »*[76]. Si l'auteur de l'article, pourtant une grande plume de la presse sénégalaise, s'était limité à ça, cela n'aurait pas appelé de commentaires, car tout investissement comporte des risques. Ce qui est grave, c'est lorsqu'il extrapole (sans s'en rendre compte ou sciemment ?) en écrivant *« la multinationale française Total aurait dépensé 150 millions de dollars (75 milliards de francs) dans l'opération. (...) La leçon qu'on peut en tirer, c'est qu'il faut avoir les reins solides pour se lancer dans l'exploration pétrolière et le Sénégal a eu la chance de pouvoir attirer un acteur majeur comme Total... »*[77].

Le Sénégal chanceux d'avoir signé avec le Groupe TOTAL ? Les faits présentés dans ce présent chapitre démontrent le contraire et prouvent même que le Sénégal est lésé avec les deux contrats consentis à la multinationale française. Plus grave c'est lorsqu'il écrit (même s'il a pris la précaution d'utiliser le conditionnel) que la major française « aurait dépensé 150 millions de dollars » pour ses recherches effectuées au Sénégal. Une simple vérification des comptes annuels de la compagnie l'aurait dissuadé d'écrire une telle énormité. En effet, il ressort des bilans officiels de la compagnie, qu'en trois années de présence et d'opérations au Sénégal, ses charges d'exploitation cumulées sont exactement de 56 910 015 euros (39 974 501 euros en 2019, 16

---

[75] Mamadou Oumar Ndiaye (2019). Chou banc total pour … TOTAL. Article publié dans le quotidien Le Témoin et repris par le journal en ligne SENEPLUS. Saisi à partir de : https://www.seneplus.com/economie/chou-blanc-total-pour-total

[76] Ibid.

[77] Ibid.

930 087 euros en 2018 et 5 427 euros en 2017)[78], soit moins de 48 millions $US (au taux de change moyen annuel de 1 € = 1,2 $US)[79]. Pour rappel, les charges d'exploitation d'une compagnie englobent toutes les dépenses effectuées pour assurer son fonctionnement (les achats d'équipements et de matières premières, les frais généraux ainsi que les frais de personnel, les impôts et taxes, etc.). D'où sort ce chiffre fantaisiste de 150 millions $? Certainement des officines et lobbys qui ont intérêt à ce qu'un tel article soit publié ou qui l'auraient commandité.

4.5.3 Passer sous silence les opérations de nature spéculative faites par TOTAL

Par voie de communiqué de presse en date du 13 août 2018[80], la compagnie pétrolière malaisienne PETRONAS informe qu'elle venait de signer un *Farm-in-Agreement* aux termes duquel le groupe TOTAL lui a cédé 30% des parts d'intérêts qu'il détient sur le bloc de Rufisque offshore profond. Le Groupe TOTAL n'a jamais voulu se prononcer sur cette transaction, car il invalide l'argument principal de ses souteneurs : le Groupe a les moyens, financiers et techniques, donc les « reins solides », pour mener à bien toutes les opérations d'exploration et, si nécessaire, de production d'hydrocarbures à lui tout seul. La signature d'un *Farm-in-Agreement* avec PETRONAS bat en brèche cet argument.

Un *Farm-in-Agreement* est un accord, assez usité dans l'industrie pétrolière et gazière, par lequel un *Farmor* (TOTAL E & P Senegal) propriétaire de parts d'intérêts sur un bloc (Rufisque offshore profond) donne droit à un *Farmee* (PETRONAS)

---

[78] https://www.verif.com/bilans-gratuits/TOTAL-E%26P-SENEGAL-823557657/

[79] https://fr.statista.com/statistiques/577988/taux-de-change-moyen-annuel-du-dollar-etats-unis-contre-l-euro/

[80] Communiqué de presse de PETRONAS : https://www.petronas.com/media/press-release/petronas-acquires-30-equity-senegals-rufisque-offshore-profond-exploration

d'effectuer une exploration et un forage dans le périmètre de son bloc ou prendre en charge les dépenses liées à de telles activités (exploration et forage) en contrepartie d'une partie des parts d'intérêts qu'il détient sur le bloc (30%).

Un *Farm-in-Agreement* est généralement signé lorsque le *Farmor*, TOTAL E & P Senegal en l'occurrence, se rend compte que les réserves d'hydrocarbures contenues dans le bloc qui lui a été attribué sont plus importantes que prévues. Ce qui va nécessiter plus d'investissements et plus de moyens technologiques pour son développement. Dans le but de partager les montants élevés à investir et, éventuellement les gains à réaliser, le *Farmor* va faire appel à un Farmee qui viendra se joindre à lui en apportant de l'argent et/ou les technologies nécessaires. Donc, s'il survient un tel accord entre PETRONAS et le Groupe TOTAL, l'objectif de ce dernier est de pouvoir réaliser, dans les délais contractuels convenus avec l'État du Sénégal, les importantes dépenses d'investissement requises par le développement du bloc Rufisque offshore profond et, ultimement, accélérer et rentabiliser au mieux le retour d'investissement.

Enfin, il convient de souligner que si le Groupe TOTAL n'a jamais voulu communiquer sur la signature d'un *Farm-in-Agreement* avec PETRONAS, en lui cédant 30% de ses parts d'intérêts sur le bloc de Rufisque offshore, il l'admet intra-muros, dans la partie de son Document d'enregistrement universel de 2019 où le Groupe fait la présentation de ses activités à travers le monde, en mentionnant à la page 43 *« au Sénégal, TOTAL poursuit les activités d'exploration sur les blocs opérés : Rufisque Offshore Profond (ROP) (60%) signé en 2017 et Ultra Deep Offshore (UDO) (90%) depuis 2018 »*[81]. Donc, il est clair et évident que les parts d'intérêts de TOTAL dans Rufisque offshore profond sont passées de 90%, au moment de la signature du

[81] Total (2020). Document d'enregistrement universel 2019. Saisi à partir de : https://www.total.com/sites/g/files/nytnzq111/files/atoms/files/total_document_enregistrement_universel_2019.pdf

contrat avec l'État du Sénégal, à 60% maintenant. La différence correspond aux 30% concédés à PETRONAS.

La presse sénégalaise, dans une grande partie de ses segments a tu cette information capitale où est passée très rapidement là-dessus. L'image ternie des autorités sénégalaises suite aux opérations de spéculations auxquelles Frank Timis s'était livré, en revendant toutes les parts d'intérêts qu'il détenait sur des blocs qui lui avaient été attribués sans réaliser aucune exploration ni investissement conformément aux dispositions contractuelles qui le liaient à l'État du Sénégal, est certainement passée par là. Il fallait éviter un second affront. Il ne fallait surtout pas conforter l'idée, assez répandue dans l'opinion publique sénégalaise, selon laquelle ses responsables gèrent les ressources du pays comme des *bana-bana* (gestion informelle) en contractant toujours avec des spéculateurs (à quelles fins ?) au lieu de faire affaire directement avec les majors qui ont fini de faire leurs preuves dans le monde entier en matière d'exploration et de production d'hydrocarbures offshore.

À combien s'est élevé le montant de la transaction ? Ni le Groupe TOTAL, ni PETRONAS n'a voulu pipé mot là-dessus. Cependant, sans savoir le montant exact sur lequel les deux parties ont transigé, on peut s'en faire une idée approximative en consultant les comptes officiels des trois dernières années de TOTAL E & P Senegal publiés en France[82]. Il ressort de ces comptes que la compagnie a réalisé un chiffre d'affaires nul en 2016 (année de sa création), un chiffre d'affaires de 13, 2 millions euros en 2017 et un chiffre d'affaires de 28,7 millions euros en 2018, année où il a conclu un Farm-in-Agreement avec PETRONAS. Une compagnie qui est en phase exploratoire, donc censée ne faire que des décaissements pour faire face à ses nombreuses dépenses d'investissement, si elle présente un chiffre d'affaires de plus de 28 millions euros, soit plus de 34 millions

[82] Infogreffe (2020). Derniers chiffres clés de TOTAL E & P Senegal : https://www.infogreffe.fr/entreprise-societe/823557657-total-e-p-senegal-920116B094810000.html

$US, cela voudrait dire que l'affaire n'est pas aussi mauvaise qu'on voudrait le faire croire, même si elle affiche, comme résultats, des pertes cumulées de 14,7 millions euros (17,6 millions $US).

Pour conclure, on constate que l'octroi de deux contrats de recherche, de production et de partage d'hydrocarbures au Groupe TOTAL suscite de nombreux questionnements, tous relatifs aux conditions dans lesquelles cette opération s'est déroulée. Aussi, le fait que cela soit opéré au détriment des intérêts du Sénégal pose beaucoup de problèmes et favorise la réminiscence de certaines pratiques de l'ex-pétrolière française, Elf Aquitaine (absorbée par le Groupe TOTAL), anciennement bras armé de la France dans ses rapports avec son pré-carré africain (françafrique) dont le Sénégal fait partie. D'où la justesse des propos de Pauline Tétillon[83] lorsqu'elle dit que même si l'Afrique n'est qu'un élément parmi tant d'autres dans la stratégie globale du Groupe TOTAL, il n'en demeure pas moins que celui-ci continue d'utiliser son héritage françafricain pour y conquérir de nouveaux marchés.

---

[83] Pauline Tétillon (2019). *Op. cit.*

Annexe n° 4.1

Tableau de comparaison de trois contrats de recherche et de partage de production d'hydrocarbures

	ORANTO PETROLEUM	AFRICAN PETROLEUM Senegal	TOTAL E & P Senegal
Structure du capital	Personnes physiques de nationalité nigériane	Filiale d'une compagnie australienne qui est contrôlée, majoritairement par l'anglo-roumain-australien Frank Timis	100% au groupe TOTAL SA
Nom	Saint-Louis offshore shalow	Rufisque offshore profond (ROP)	Rufisque offshore profond (ROP)
Date de signature des contrats	29 mai 2015	25 octobre 2011	2 mai 2017
Date d'approbation par le PR	20 août 2015	10 novembre 2011	11 mai 2017
Délai d'approbation	2 mois 3 semaines 1 jour	3 semaines 2 jours	9 jours
Répartition des parts d'intérêts dans la zone contractuelle	– 90% pour la compagnie pétrolière bénéficiaire – 10 % pour PETROSEN (pourra être porter à 20%)		
Textes applicables	Loi n° 98-05 du 08 janvier 1998 portant Code pétrolier Décret n° 98-810 du 06 octobre 1998 fixant les modalités et conditions d'application de ladite Loi		
Bonus de signature	1 000 000 $US	Ne s'applique pas	5 000 000 $US
Phase de recherche (exploration)			
Durée de l'exploration (recherche)	8 ans – 3 ans pour la période initiale – 3 ans 1er renouvellement – 2 ans 2e renouvellement	8 ans – 4 ans pour la période initiale – 2 ans 1er renouvellement – 2 ans 2e renouvellement	9 ans – 4 ans pour la période initiale – 3 ans 1er renouvellement – 2 ans 2e renouvellement
Superficie	5250 km^2	10 357 km^2	10 357 km^2
Loyer superficiaire	– 5 $US / Km^2 pendant la période initiale – 8 $US / Km2 pendant la 1re période de renouvellement – 15 $US / pendant la 2e période de renouvellement		
Date d'engagement de démarrage des travaux de recherche	3 mois après la date de prise d'effets (20 août 2015)	3 mois après la date de prise d'effets (10 novembre 2011)	6 mois après la date de prise d'effets (11 mai 2017)
Surfaces de données sismiques 3D à acheter et à traiter	1 500 km^2 (au cours de la période initiale)	Ne s'applique pas	7 000 km^2 (au cours de la période initiale)

Montant minimal à investir dans l'acquisition et le traitement des données sismiques	10 000 000 $US (durant la période initiale)	2 000 000 $US (durant la période initiale)	17 500 000 $US (durant la période initiale
Nombre minimal de puits à forer	2 puits dont – 1 puits au minimum durant la 1re période de renouvellement – 1 puits au minimum durant la 2e période de renouvellement	3 puits dont – 1 puits au minimum durant la période initiale – 1 puits au minimum durant la 1re période de renouvellement – 1 puits au minimum durant la 2e période de renouvellement	3 puits dont – 1 puits au minimum durant la période initiale – 1 puits au minimum durant la 1re période de renouvellement – 1 puits au minimum durant la 2e période de renouvellement
Montant minimal à investir dans le forage d'un puits	– 15 000 000 $US pour la 1re période de renouvellement – 15 000 000 $US pour la 2e période de renouvellement	– 20 000 000 $US durant la période initiale – 20 000 000 $US pour la 1re période de renouvellement – 20 000 000 $US pour la 2e période de renouvellement	– 20 000 000 $US durant la période initiale – 20 000 000 $US pour la 1re période de renouvellement – 20 000 000 $US pour la 2e période de renouvellement
Engagement sur le montant total minimum à investir durant toute la période de recherche	40 000 000 $US	62 000 000 $US	77 500 000 $US
Phase d'exploitation			
Délai pour soumettre un programme d'évaluation des gisements en cas de découverte	6 mois	6 mois	12 mois
Durée d'exploitation accordée	35 ans – 25 ans (1re période) – Renouvelable 10 ans (1 fois)		
Part maximale de la production pétrolière affectée aux coûts de production (avant partage)	65%	75%	70%
	35%	25%	30%

<table>
<tr><td rowspan="7">Part minimale de la production des hydrocarbures à partager entre la compagnie pétrolière, l’État du Sénégal et PETROSEN</td><td colspan="3">Répartis comme suit en fonction de la production journalière</td><td colspan="3">Répartis comme suit en fonction de la production journalière</td><td colspan="3">Répartis comme suit en fonction de la production journalière</td></tr>
<tr><td>Production journalière (barils)</td><td>Part de l’État</td><td>Part de la compagnie et de PETROSEN</td><td>Production journalière (barils)</td><td>Part de l’État</td><td>Part de la compagnie et de PETROSEN</td><td>Production journalière (barils)</td><td>Part de l’État</td><td>Part de la compagnie et de PETROSEN</td></tr>
<tr><td>0 – 30 000</td><td>35%</td><td>65%</td><td>< 30 000</td><td>35%</td><td>65%</td><td>0 – 50 000</td><td>26%</td><td>74%</td></tr>
<tr><td>30 000 – 60 000</td><td>40%</td><td>60%</td><td>30 001 – 60 000</td><td>40%</td><td>60%</td><td>50 001 – 100 000</td><td>31%</td><td>69%</td></tr>
<tr><td>60 000 – 90 000</td><td>50%</td><td>50%</td><td>60 001 – 90 000</td><td>50%</td><td>50%</td><td>100 001 – 150 000</td><td>36%</td><td>64%</td></tr>
<tr><td>90 000 – 120 000</td><td>54%</td><td>46%</td><td>90 001 – 120 000</td><td>54%</td><td>46%</td><td>150 001 – 200 000</td><td>41%</td><td>59%</td></tr>
<tr><td>> 120 000</td><td>58%</td><td>42%</td><td>> 120 000</td><td>58%</td><td>42%</td><td>> 200 000</td><td>50%</td><td>50%</td></tr>
<tr><td colspan="10">Engagement à financer des projets sociaux ou autres</td></tr>
<tr><td>Financement du plan de formation du ministère de l’Énergie et celui de PETROSEN</td><td colspan="3">– 200 000 $US / an (période d’exploration)
– 300 000 $ / an (période exploitation)</td><td colspan="3">– 200 000 $US / an (période d’exploration)
– 300 000 $ / an (période exploitation)</td><td colspan="3">– 1 000 000 $US / an (période d’exploration)
– 1 000 000 $ / an (période exploitation)</td></tr>
<tr><td>Contribution à la promotion de l’exploration et de l’exploitation des hydrocarbures au Sénégal</td><td colspan="3">100 000 $US / an au minimum (période d’exploration)</td><td colspan="3">100 000 $US / an au minimum (période d’exploration)</td><td colspan="3">– 100 000 $US / an au minimum (période d’exploration)
– 100 000 $ / an au minimum (période exploitation)</td></tr>
<tr><td>Achat d’équipements et logiciels informatiques au profit de PETROSEN (1re année contractuelle)</td><td colspan="3">150 000 $US</td><td colspan="3">150 000 $US</td><td colspan="3">150 000 $US</td></tr>
<tr><td>Contribution à l’amélioration des conditions de vie des populations</td><td colspan="3">– 150 000 $US / an au minimum (période d’exploration)
– 150 000 $ / an au minimum (période exploitation)</td><td colspan="3"></td><td colspan="3">– 150 000 $US / an au minimum (période d’exploration)
– 200 000 $ / an au minimum (période exploitation)</td></tr>
</table>

Annexe nº 4.2

Estimation des revenus pétroliers qui échoiraient au Sénégal, à PETROSEN et à la compagnie contractante

(en $US avec 1 baril = 62,98 $US)

ORANTO PETROLEUM

PRODUCTION TOTALE COMMERCIALE	COÛTS DE PRODUCTION	PRODUCTION RESTANTE	TRANCHES DE PARTAGE APPLICABLES (%)		SÉNÉGAL			ORANTO PETROLEUM	Total des revenus d'hydrocarcures partagés
	60%	40%	État	ORANTO PETROLEUM + Petrosen	État	Petrosen	Sous-total		
50 000	32500	17500	40%	60%	440 860 $	66 129 $	506 989 $	595 161 $	1 102 150 $
100 000	65000	35000	54%	46%	945 000 000 $	80 500 000 $	1 025 500 000 $	724 500 000 $	1 750 000 000 $
150 000	97500	52500	58%	42%	3 045 000 000 $	220 500 000 $	3 265 500 000 $	1 984 500 000 $	5 250 000 000 $
200 000	130000	70000	58%	42%	6 090 000 000 $	441 000 000 $	6 531 000 000 $	3 969 000 000 $	10 500 000 000 $
250 000	162500	87500	58%	42%	10 150 000 000 $	735 000 000 $	10 885 000 000 $	6 615 000 000 $	17 500 000 000 $

AFRICAN PETROLIUM

PRODUCTION TOTALE COMMERCIALE	COÛTS DE PRODUCTION	PRODUCTION RESTANTE	TRANCHES DE PARTAGE APPLICABLES (%)		SÉNÉGAL			AFRICAN PETROLIUM	Total des revenus d'hydrocarcures partagés
	75%	25%	État	AFRICAN PETROLIUM + Petrosen	État	Petrosen	Sous-total		
50 000	37 500	12 500	40%	60%	314 900 $	47 235 $	362 135 $	425 115 $	787 250 $
100 000	75 000	25 000	54%	46%	675 000 000 $	57 500 000 $	732 500 000 $	517 500 000 $	1 250 000 000 $
150 000	112 500	37 500	58%	42%	2 175 000 000 $	157 500 000 $	2 332 500 000 $	1 417 500 000 $	3 750 000 000 $
200 000	150 000	50 000	58%	42%	4 350 000 000 $	315 000 000 $	4 665 000 000 $	2 835 000 000 $	7 500 000 000 $
250 000	187 500	62 500	58%	42%	7 250 000 000 $	525 000 000 $	7 775 000 000 $	4 725 000 000 $	12 500 000 000 $

TOTAL E & P Senegal

PRODUCTION TOTALE COMMERCIALE	COÛTS DE PRODUCTION	PRODUCTION RESTANTE	TRANCHES DE PARTAGE APPLICABLES (%)		SÉNÉGAL			TOTAL E & P Senegal	Total des revenus d'hydrocarcures partagés
	65%	**35%**	**État**	**TOTAL E & P Sénégal + Petrosen**	**État**	**Petrosen**	**Sous-total**		
50 000	32500	17500	26%	74%	286 559 $	81 559 $	368 118 $	734 032 $	1 102 150 $
100 000	65000	35000	31%	69%	542 500 000 $	120 750 000 $	663 250 000 $	1 086 750 000 $	1 750 000 000 $
150 000	97500	52500	36%	64%	1 890 000 000 $	336 000 000 $	2 226 000 000 $	3 024 000 000 $	5 250 000 000 $
200 000	130000	70000	41%	59%	4 305 000 000 $	619 500 000 $	4 924 500 000 $	5 575 500 000 $	10 500 000 000 $
250 000	162500	87500	50%	50%	8 750 000 000 $	875 000 000 $	9 625 000 000 $	7 875 000 000 $	17 500 000 000 $

Pertes du Sénégal dans le contrat qui le lie à TOTAL E & P Senegal comparativement à celui le liant avec ORANTO PTROLEUM

PRODUCTION TOTALE COMMERCIALE	CONTRAT SÉNÉGAL – ORANTO PETROLEUM		CONTRAT SÉNÉGAL – TOTAL E & P SENEGAL		GAINS / PERTES	
	SÉNÉGAL	ORANTO PETROLEUM	SÉNÉGAL	TOTAL E & P Senegal	SÉNÉGAL	TOTAL E & P Senegal
50 000	506 989 $	595 161 $	368 118 $	734 032 $	-138 871 $	138 871 $
100 000	1 025 500 000 $	724 500 000 $	663 250 000 $	1 086 750 000 $	-362 250 000 $	362 250 000 $
150 000	3 265 500 000 $	1 984 500 000 $	2 226 000 000 $	3 024 000 000 $	-1 039 500 000 $	1 039 500 000 $
200 000	6 531 000 000 $	3 969 000 000 $	4 924 500 000 $	5 575 500 000 $	-1 606 500 000 $	1 606 500 000 $
250 000	10 885 000 000 $	6 615 000 000 $	9 625 000 000 $	7 875 000 000 $	-1 260 000 000 $	1 260 000 000 $

Chapitre 5

Des contrats de concession à l'encontre des intérêts nationaux pour assurer aux entreprises françaises des situations monopolistiques

En venant d'accéder à la souveraineté internationale, sans ressources financières suffisantes et dépendant de l'aide de la coopération française, le Sénégal, à l'instar de plusieurs pays pauvres, a vite recouru à des accords avec des investisseurs privés pour le suppléer dans la réalisation de certains travaux et services importants. Le mode contractuel privilégié était la convention d'établissement.

Selon le professeur Jean-Claude Gautron[84], ancien Professeur à la Faculté de Droit de Dakar et ancien Directeur de l'École Nationale d'Administration (ÉNA) du Sénégal au début des années soixante, les conventions d'établissement sont des instruments de politique économique et d'incitation à l'investissement à travers lesquels États sous-développés cherchent à fixer sur leur sol national des capitaux étrangers que leurs détenteurs acceptent d'investir sur place.

L'évolution dans le temps a permis de raffiner ce mode contractuel, surtout à la suite des différentes réformes subies par les services publics dans leurs façons d'intervenir. Les États font face, de plus en plus, à un accroissement des besoins alors que les ressources augmentent moins rapidement. La fourniture des services publics de base dans des domaines essentiels (infrastructures, énergie, éducation, transport, environnement, etc.) devient de plus un casse-tête pour les États compte tenu des

[84] Gautron Jean-Claude (1968). Les Conventions d'établissement conclues par le Sénégal avec des entreprises. In: Annuaire français de droit international, Vol. 14, p. 654-670

investissements massifs que cela requiert. Ainsi l'avènement du New management public a favorisé l'éclosion et la généralisation de ce qu'on appelle, aujourd'hui, les partenariats publics privés (PPP) qui ne sont, en fait que des contrats de concession déclinables en plusieurs types.

5.1 La Compagnie sucrière sénégalaise : 50 ans après, le Sénégal toujours en quête d'une autosuffisance en sucre

La compagnie sucrière sénégalaise (CSS) constitue, aujourd'hui, le plus grand complexe agro-industriel du Sénégal. Elle est implantée dans la région administrative de Saint-Louis, précisément à Richard-Toll où elle s'étend sur 12 000 hectares. Elle opère selon un processus intégré allant de la culture de la canne à sucre au sucre raffiné dont elle en produit 145 000 tonnes par année. Elle est le second employeur du Sénégal après l'État avec ses 8 000 travailleurs lors des périodes de campagne sucrière (de novembre à juin). Pour arriver à cette position de mastodonte, il a fallu que l'État sénégalais lui concède, à son propre détriment et à celui du Sénégal, de nombreux avantages de toute sorte notamment domaniaux, fiscaux, douaniers, financiers et économiques à travers des conventions d'établissement qui lui ont assuré un monopole de fait.

La première convention d'établissement liant l'État du Sénégal et la CSS date du 29 juin 1970 et a été établie pour une durée de 25 années. L'État du Sénégal visait, à travers sa signature, à parvenir à l'autosuffisance en sucre et, subséquemment, à réduire le déficit de sa balance des paiements dès lors qu'il n'aura plus à importer, au moyen de devises étrangères, du sucre pour satisfaire son marché national. Aux termes de cet accord, pour faciliter l'implantation, à Richard-Toll, d'un complexe agro-industriel intégré, il accorde à la CSS plusieurs avantages de différente nature notamment le bénéfice d'un bail emphytéotique d'une durée de 99 ans sur les terres qui lui seront concédées au prix du franc symbolique, la gratuité de l'approvisionnement et de l'utilisation des eaux du fleuve Sénégal et du lac de Guiers, l'exonération sur les droits douaniers relatifs aux matériels et matériaux importés et destinés à la réalisation des investissements prévus, l'exonération sur les bénéfices industriels et commerciaux, l'exonération de payer la contribution foncière des propriétés bâties et non bâties et la liberté de mouvement des capitaux de la CSS entre le Sénégal et les pays de Zone Franc (en fait la France !). Plus grave, l'État du Sénégal assurait à la CSS, en termes de garanties, la possibilité d'importer du sucre roux, de le raffiner sur place puis de le vendre sur place en attendant d'arriver au niveau de production lui permettant de satisfaire la totalité des besoins du marché sénégalais. La garantie supplémentaire qui complète la première, est l'engagement pris par l'État sénégalais de veiller au contrôle du marché national en s'assurant, d'une part, que la CSS puisse écouler toute sa production de façon prioritaire et, d'autre part, qu'il n'y ait pas d'importations de sucre plus qu'il en faut pour la consommation locale. Mieux, la CSS est assurée de bénéficier d'un prix de vente garanti sur le marché national et qu'aucune industrie concurrente ne sera autorisée à s'installer au Sénégal. Autant d'avantages exorbitants qui ont fini, très rapidement, d'installer la CSS dans un confortable et lucratif monopole.

Les modifications intervenues sur cette convention d'établissement initiale, au moyen d'avenants, n'ont pas entraîné aucun bouleversement majeur. Elles ont surtout concerné des précisions supplémentaires et ajustements dictés par l'évolution du contexte. Figurent au nombre de ces modifications la restriction des importations du sucre roux, la meilleure connaissance de la structure du prix de revient du sucre produit et la cessation de la gratuité de l'eau pompée du fleuve Sénégal, qui ne relève plus de la compétence nationale, mais de l'Organisation pour la mise en valeur du fleuve Sénégal (OMVS) regroupant la Mauritanie, le Mali et le Sénégal. Le fond des conventions d'établissement avec la CSS est resté le même : des privilèges qui ont permis à la compagnie de prospérer sans atteindre l'autosuffisance en sucre du marché sénégalais. Ce qui aurait fait dire à l'ancien ministre de l'Économie et des Finances sous le régime d'Abdou Diouf, Mamoudou Touré, ancien haut fonctionnaire du FMI, connu pour son indépendance de ton, que *« la CSS fermée, les employés payés à ne rien faire, l'État y gagnerait davantage »*[85].

En contrepartie de tous ces privilèges, la CSS s'engage, entre autres, à investir, minimalement, 9 milliards de francs CFA (de l'époque) pour réaliser, dans les délais convenus, la culture et la transformation de la canne à sucre en sucre raffiné. Elle s'engageait, également, de donner priorité aux entreprises sénégalaises dans la réalisation de ses chantiers ainsi qu'au recrutement, autant que possible, des travailleurs sénégalais dans le respect de la législation sociale en vigueur.

Aujourd'hui, 50 ans après, en dépit des nombreux avantages et privilèges qui lui ont été consentis, la position de monopole de fait qui lui a été concédée pendant de nombreuses années, la CSS n'a pas été capable de réaliser l'objectif principal pour lequel l'État du Sénégal avait conclu une convention d'établissement avec elle : l'autosuffisance du pays en sucre. Pourtant, cela n'a pas empêché que son propriétaire, Jean-Claude Mimran, soit devenu, chemin faisant, *« la 50e fortune française avec 1,4 milliard d'euros »*[86]. En effet, la production annuelle de la CSS s'établit à 145 000 tonnes, alors que les besoins du marché intérieur sénégalais en sucre se situent entre 180 000 et 200 000 tonnes. D'où la nécessité d'importer 40 000 à 60 000 tonnes de sucre pour combler le gap. Ce qui crée un autre enjeu aux intérêts et ramifications multiples, voire des connivences, entre les hommes politiques, certains commerçants importateurs et leur clientèle politique.

---

[85] Rédaction (2014). Archives d'Afrique: il était une fois la Compagnie Sucrière Sénégalaise. Article mis en ligne le 15 mars 2014. Saisi à partir de : https://www.financialafrik.com/2014/03/15/archives-dafrique-il-etait-une-fois-la-compagnie-sucriere-du-senegal-css/

[86] Douet Marion (2016). Le dernier sursaut de Jean-Claude Mimran ? Enquête. Jeune Afrique. Article mis en ligne le 26 août 2016. Saisi à partir de : https://www.jeuneafrique.com/mag/348910/economie/enquete-le-dernier-sursaut-de-jean-claude-mimran/

5.2 EIFFAGE : l'autoroute qui mène, à grande vitesse, aux profits exorbitants

Pour améliorer la fluidité des transports entre la capitale et le reste du pays, l'État du Sénégal a entrepris de construire une autoroute à péage en alternative à la route nationale 1 (RN1), qui était la seule voie pour entrer ou pour sortir de Dakar. L'autoroute à construire part de Dakar jusqu'à Diamniadio avec possibilité de continuation jusqu'à l'aéroport international Blaise Diagne (AIBD). Elle a été divisée, par conséquent, pour sa réalisation, en trois grandes phases : a) la phase 1 allant de l'avenue Malick Sy (Garage pompiers) à Pikine, soit 11,5 km ; b) la phase 2 de Pikine à Diamniadio d'une longueur de 20,5 km ; c) la phase 3 de Diamniadio à AIBD distant de 17 km.

La première phase, Malick Sy – Pikine, a été divisée en deux tronçons. Le premier tronçon part de Malick Sy à la Patte d'Oie, soit une distance de 7 km. Sa réalisation a été confiée à l'entreprise Jean Lefebvre, propriété de l'entrepreneur sénégalais Bara Tall. Le second tronçon, distant de 4,5 km, relie la Patte d'oie à Pikine. Il a été réalisé par une entreprise portugaise, Moniz da Maia, Serra & Fortunato. La totalité de la première phase (autoroutes 2 x 3 voies avec ses ponts, échangeurs et passerelles) a été faite sur financement intégral de l'État sénégalais pour un montant de 82,8 milliards de francs CFA.

La seconde phase, Pikine — Diamniadio a été divisée, également, en deux tronçons : Pikine – Keur Massar – Rufisque Ouest (11,8 km) et Rufisque Ouest – Diamniadio (8,5 km). La réalisation de ces deux tronçons, donc de toute la seconde phase, est faite sous la forme d'un partenariat public privé (PPP) sur la base du modèle Build, Operate and Transfer (BOT), qui signifie en français Construction — Exploitation – Transfert (CET). Selon Roger Tafotie, avocat au Barreau de Luxembourg, dans le cadre d'un BOT de manière générale, *« un État d'accueil sélectionne une entité privée dans le but de la conception, du financement et de la construction d'une infrastructure et accorde à cette entité le droit de l'exploiter commercialement durant une période déterminée, à l'expiration de laquelle l'infrastructure est transférée à l'État »*[87]. L'article premier de la Loi n°2004-13 du 1er mars 2004 sur la CET modifiée par la loi n°2009-21 du 4 mai 2009 inclut dans le champ d'application du CET tous les contrats par lesquels l'État, une collectivité locale, un établissement public ou une société à participation publique majoritaire, dit autorité concédante, confie à un tiers, dit opérateur du projet, tout ou partie des missions suivantes : le financement d'une infrastructure d'utilité publique, sa conception, sa construction, son exploitation, son entretien.

C'est ainsi que l'État du Sénégal a signé, le 2 juillet 2009, une Convention de concession pour la conception, le financement, la construction, l'exploitation et l'entretien de l'Autoroute à Péage entre Pikine et Diamniadio avec le groupement composé des sociétés EIFFAGE SA et EIFFAGE Sénégal SA. Le Contrat est entré en vigueur le 1er décembre 2009 et va durer jusqu'au 30 novembre 2039, soit une durée de 30 ans.

Sa réalisation a nécessité un financement de 380,2 milliards de francs CFA[88]. En effet, selon les chiffres de la fiche de projet établie par l'Initiative France-Banque mondiale pour la promotion des partenariats public-privé, l'État du Sénégal a financé les 319,2 milliards de francs CFA sur les 380,2 milliards requis. Soit 84% du financement total. Il tire ce financement de ses ressources propres (193,5 milliards FCFA), mais aussi d'emprunts auprès de partenaires financiers internationaux tels que la Banque Mondiale

---

[87] Tafotie Roger (2013). Redécouvrir la technique du Build, Operate and Transfer (BOT) pour une réalisation optimale de projets publics et privés en Afrique. Revue de l'ERSUMA. Droit des affaires - Pratique Professionnelle, N° 3 - Septembre 2013. Saisi à partir de : http://revue.ersuma.org/no-3-septembre-2013/etudes-27/article/redecouvrir-la-technique-du-build

[88] Initiative France-Banque mondiale (2015). Fiche projet Sénégal : Autoroute à péage Dakar-Diamniadio. Initiative France-Banque mondiale pour la promotion des partenariats public-privé. Saisi à partir de : http://www.initiative-ppp-afrique.com/Recherche?searchText=Fiche+projet+S%C3%A9n%C3%A9gal

(52,5 milliards FCFA), le Groupe AFD (40 milliards FCFA) et la Banque africaine de développement (33,2 milliards FCFA). Les 61 milliards FCFA restants, pour compléter le financement total, sont apportés par le Groupe EIFFAGE. Ce dernier puise dans ses ressources propres à hauteur de (20,8 milliards FCFA) et trouve le reste auprès de bailleurs institutionnels comme la BOAD (15 milliards FCFA), l'IFC (13,4 milliards FCFA), la Banque africaine de développement (6,8 milliards FCFA) et la CBAO (5 milliards FCFA). Sur les 380,2 milliards FCFA qu'a nécessités la réalisation du projet, seuls environ 150 milliards FCFA ont servi à la construction des voies de l'autoroute, des passerelles, des échangeurs, des ouvrages hydrauliques et des établissements. Tout le reste a servi à financer les importantes *« opérations de libération d'emprises, la construction d'une zone de recasement des personnes déplacées, des mesures environnementales (nouvelles infrastructures de gestion des déchets, préservation de forêt classée) et la restructuration urbaine du quartier de Pikine Irrégulier Sud »*[89].

Enfin, pour la réalisation de la troisième phase, un contrat complémentaire à la concession liant déjà les deux parties est conclu. Ce contrat complémentaire porte sur la conception, le financement, la construction, l'exploitation, l'entretien et le transfert du tronçon de prolongement de l'autoroute à péage Dakar-Diamniadio à l'Aéroport international Blaise Diagne (AIBD). Sa durée est de 25 années et terminera en 2039. Le financement total a requis un peu plus de 79 milliards FCFA. L'État du Sénégal a financé sa partie sur fonds propres et avec l'appui du Groupe AFD.

Pour l'exploitation des deux concessions (Pikine – Dimniadio et Diamniadio – AIBD), EIFFAGE SA et EIFFAGE Sénégal SA, les deux concessionnaires, ont créé une société de droit sénégalais,

---

[89] Groupe AFD. Note de communication publique d'opération. Prolongement de l'autoroute à péage, à partir de Diamniadio jusqu'à l'Aéroport International Blaise Diagne (AIBD). Saisi à partir de : http://www.afd.fr/base-projets/consulterProjet.action?idProjet=CSN1402

la Société Eiffage de la Nouvelle Autoroute Concédée (SENAC), comme l'oblige l'article 7 de la Loi n° 2004-13 du 1er mars 2004 modifiée sur le CET. En plus de l'exploitation de ces deux concessions, la SENAC s'est vu octroyer une troisième concession : la gestion de l'autoroute à péage correspondant au tronçon Patte d'Oie – Pikine (4,5 km). Ce qui est, pour le moins illégal étant donné que ce tronçon a été entièrement financé par le budget de l'État dans le cadre de la réalisation de la première phase du projet (Malick Sy – Pikine). Plus grave, comme indiqué ci-dessus, c'est l'entreprise portugaise Moniz da Maia, Serra & Fortunato qui a construit ce tronçon. EIFFAGE et ses démembrements n'y ont pris part à aucun moment : ils n'ont ni participé à son financement, ni conçu le projet *a fortiori* le réaliser. En effet, l'attribution de la concession de ce tronçon devrait se faire suite à un appel d'offres lancé en vertu du Code des marchés publics et des autres lois pertinentes et non sur la base de la loi sur le CET. Ce qui constitue un détournement de l'esprit des lois et serait consécutive d'une véritable entorse aux lois et règlements en faveur de la SENAC. Une faveur indûment faite au Groupe EIFFAGE.

Le problème principal que soulève les contrats de concession que l'État sénégalais a consentis au Groupe EIFFAGE réside dans leur durée (25 à 30 ans pour une fin prévue en 2039). En effet, selon les dispositions de l'article 5 de la Loi n°2004-13 du 1er mars 2004 modifiée sur le CET, *« les contrats CET ont une durée limitée qui tient compte de l'amortissement des dépenses de l'opérateur du projet »*. Cette disposition est violée dans le seul but d'accorder des avantages et privilèges au Groupe EIFFAGE. En effet, dans le montage financier de la phase 2 du projet, Pikine — Diamniadio, l'État du Sénégal a assuré le financement des 319,2 milliards de francs CFA sur les 380,2 nécessaires à la réalisation du projet. Soit 84% du financement total, contre seulement 16% pour le Groupe EIFFAGE (61 milliards FCFA). Trente ans pour amortir un investissement de 61 milliards alors qu'il y 50 000 véhicules[90] qui empruntent quotidiennement l'autoroute à péage, cela constitue véritablement une arnaque. Ce que démontre Seydina Oumar Touré, Président de l'Association pour la Promotion de la Bonne Gouvernance et la Lutte contre la Corruption en Afrique (APBGA). Se fondant sur des hypothèses minimalistes, soit une médiane de 700 CFA par transaction (les tarifs varient entre 400 CFA et 2700 CFA) et un niveau de trafic journalier estimé à 44 000 voitures, Seydina Oumar Touré aboutit à une conclusion renversante : *« la SENAC va encaisser au minimum 422 milliards CFA alors qu'elle n'a participé que pour 61 milliards CFA au financement. Elle va ainsi engranger 361 milliards CFA d'ici à 2039 »*[91]. Ce qui l'amène à qualifier la concession faite au Groupe EIFFAGE de *« concession à la coloniale »*[92].

Ce sentiment d'arnaque est aujourd'hui généralisé au sein de la population, particulièrement au sein de celle des usagers nationaux en dépit des notes positives et autosatisfactions des organismes internationaux ayant pris part à ce projet présenté comme un modèle de réussite. Les usagers sénégalais trouvent que les tarifs pratiqués par la SENAC sont exorbitants et font de l'autoroute à péage Dakar – AIBD la plus chère sur le continent, voire au monde en plus des problèmes d'insécurité qu'elle recèle. Ils se sont érigés en association de défense de leurs intérêts sous le nom de Collectif Citoyen des Usagers de l'Autoroute à Péage (CCUAP). La pression permanente que le Collectif ainsi que d'autres associations de la société civile exercent sur le Gouvernement semble porter ses fruits, car celui-ci a récemment

---

[90] Selon les propres statistiques du Groupe EIFFAGE saisies à partir de son site internet : https://www.eiffage.sn/sites/eiffage-senegal/home/lentreprise/realisations-emblematiques/area-work__inner/liste-douvrages-eiffagecom/autoroute-de-lavenir.html

[91] Seydina Oumar Touré (2015). Autoroute à péage de Dakar : Une concession à la coloniale. Saisi à partir de : https://www.leral.net/Autoroute-a-peage-de-Dakar-Une-concession-a-la-coloniale-Seydina-Oumar-Toure_a144073.html

[92] *Ibid.*

annoncé sa volonté de renégocier le contrat de concession qui lie l'État du Sénégal avec le Groupe EIFFAGE.

5.3 BOLLORÉ : un retour au Port de Dakar à la saveur d'une vengeance

Le Groupe Bolloré est présent au port de Dakar depuis 1926, en dehors d'une courte période (2007 – 2013) où il y était délogé par Dubai Ports World (DPW) qui lui a été préféré pour la concession du port à conteneurs. Il y est revenu, le 28 novembre 2013, en bénéficiant d'un contrat de concession du terminal des navires rouliers, dits « RoRo ». Ce type de terminal est exploité pour l'importation et l'exportation de voitures ou de camions. La concession est d'une durée de 25 ans à partir de mars 2014 (fin prévue en février 2039). Un retour à saveur de revanche, car il avait contesté, vainement, son éviction en 2006.

Selon deux spécialistes du domaine, Ousmane Touré et Robert Rézenthel, *« le régime de la concession portuaire comprend à la fois l'autorisation d'occuper le domaine public et l'obligation d'aménager et d'exploiter le périmètre et les ouvrages mis à la disposition du concessionnaire »*[93]. Le Professeur El-hadji Ibrahima Khalil Diallo définit la concession portuaire comme *« l'accord par lequel l'autorité portuaire, le concédant, confie à une personne physique ou morale, le concessionnaire, le soin d'exploiter, à titre exclusif, un espace du domaine public portuaire en offrant des prestations de service au profit du public dans le cadre d'un contrat à durée déterminée régi par un cahier des charges. »*[94] Touré et Rézenthel rajoutent que dans les États ouest-africains et du centre, *« l'autorité portuaire prend souvent une participation dans le capital des sociétés exploitant les*

[93] Touré Ousmane et Robert Rézenthel (2016). Neptunus, e.revue. Université de Nantes, Vol. 22, 2016/3. Saisi à partir de : www.cdmo.univ-nantes.fr

[94] Diallo Elhadji Ibrahima Khalil (2014). Sénégal: La problématique juridique des concessions portuaires. Journal quotidien Le Soleil, en date du 15 mai 2014. Saisi à partir de : https://fr.allafrica.com/stories/201405151215.html

terminaux »[95]. Ce qui fait qu'au Sénégal, *« le Port autonome de Dakar est actionnaire de 10 % dans le capital de DP World pour la concession du terminal à conteneurs, 5 % dans celui de Dakar-Terminal pour le terminal roulier et 10 % dans celui de NECOTRANS pour le terminal vraquier »*[96].

On peut noter déjà une première faveur faite au Groupe Bolloré en réduisant, de moitié, la participation du Port Autonome de Dakar dans le capital (5%) de sa structure chargée de mettre en œuvre le contrat de concession, comparativement aux mêmes types de contrats accordés à d'autres concessionnaires : DP World (10%) et NECOTRANS (10%). Cela ressemble à une démarche contractuelle un peu bizarre lorsqu'on sait que ce type d'activité est très rentable : plus la participation au capital est élevée, plus les dividendes à recevoir seront consistants. Ou, tout simplement, cela ressemble à une sorte de « compensation » de la part du nouveau régime pour essayer de corriger la décision du précédent régime qui avait conduit le Groupe Bolloré à sortir de l'espace portuaire sénégalais après 80 ans de présence.

En confiant la concession du terminal des navires rouliers au Groupe Bolloré, l'État sénégalais vise à faire du port de Dakar le premier de la côte ouest-africaine, mais aussi l'un des plus performants du continent africain. Pour y arriver, une longue durée d'exploitation lui est garantie : 25 ans ! En contrepartie, le Groupe Bolloré devra procéder à des travaux d'approfondissement et allongement (de 165 mètres) des quais pour que le terminal puisse accueillir, simultanément, deux navires à fort tirant d'eau, donc de plus grandes capacités. Le Groupe Bolloré devrait aussi rénover le terre-plein du terminal notamment en construisant un parking de 30 000 m^2. Au terme des 25 ans de concession, le Groupe Bolloré aura investi, au minimum, 97 millions d'euros, soit 64 milliards de francs CFA.

---

[95] Touré Ousmane et Robert Rézenthel (2016). *Op. cit.*

[96] *Ibid.*

Un contrat de concession de 25 ans en contrepartie d'investissement de 64 milliards de francs CFA, soit 2,5 milliards FCFA / an, cela relève véritablement du bradage. Un investissement annuel de 2,5 milliards de francs CFA rentrerait parfaitement dans les cordes du Port autonome de Dakar. À défaut, un regroupement des acteurs portuaires sénégalais aurait pu, facilement, réaliser un tel niveau d'investissement avec l'appui, tant soit peu de l'État. Donc, pourquoi ce panier de privilèges au Groupe Bolloré ? Il y a, évidemment, anguille sous roche et nul doute que grâce à l'œuvre du temps, on y verra plus clair. En attendant, on peut être catégorique et net : ce contrat est nébuleux et trop défavorable aux intérêts du Sénégal. C'est tout simplement du favoritisme fait au Groupe Bolloré.

Plus désolant, c'est lorsqu'on compare ce montant (64 milliards de francs CFA) à celui que le Groupe Bolloré, en consortium avec les groupes AP Møller Terminal et Bouygues, a accepté de débourser, à la même année, pour obtenir le contrat de concession du second terminal à conteneurs du port d'Abidjan. En effet, dans une étude sur les stratégies des opérateurs sur la façade ouest-africaine, le professeur Jean Debrie[97] révèle que ce consortium, pour obtenir la concession de 25 ans, a mis sur la table pas moins de 400 millions d'euros (plus de 262 milliards de francs CFA) d'investissements notamment pour financer l'acquisition des équipements de manutention (6 portiques de quai et 15 portiques de parcs), la réalisation des travaux de superstructure et l'implantation de systèmes d'informations. Soit pour moins de travaux à faire, étant donné que la construction du quai (1100 m), du terreplein (37,5 ha) et l'approfondissement du chenal sont financés par le Port Autonome d'Abidjan.

En définitive, dans ce contrat, seul le Sénégal perd et les autorités politiques et portuaires n'en ont cure ! Le peuple continuera à trinquer.

---

[97] Debrie Jean (2014). Hubs portuaires. Les stratégies des opérateurs sur la façade ouest-africaine. Métropolis, 2014/3, N° 97-98, p. 110-117

Chapitre 6

Un favoritisme source de scandales à répétition impliquant l'élite politico-administrative sénégalaise

L'évolution des entreprises françaises implantées ou ayant des activités au Sénégal s'est faite, depuis 1960, en charriant son lot de scandales. Tous les régimes qui se sont succédé au pouvoir, à l'exception de celui du Président Mamadou Dia, ont été accusés de favoritisme au profit d'entreprises françaises. Certaines se sont vu offertes des positions de monopole sans avoir eu à respecter les engagements auxquels elles avaient souscrit. D'autres ont remporté de juteux marchés publics dans des conditions nébuleuses. Si tout cela est rendu possible, c'est parce qu'une partie de l'élite politique et administrative, surtout celle détentrice du pouvoir, s'est totalement inféodée aux intérêts français. À quel prix ? Nul besoin d'être prophète pour répondre à la question. Elle coule de source.

Il sera présenté, ci-après, quelques-uns des scandales les plus retentissants au sujet du favoritisme que bénéficient les entreprises françaises avec la complicité de l'élite politico-administrative du Sénégal. Ces scandales sont représentatifs des *« relations incestueuses »* que Pierre Péan dénonçait.

6.1 Compagnie sucrière : des privilèges qui ont survécu aux différents régimes

Le contexte de 1970 n'est plus même que celui d'aujourd'hui. Le marché sénégalais du sucre, à l'instar de l'évolution économique mondiale, a connu beaucoup de mutations : le privé sénégalais s'est progressivement développé, les règles du commerce international bannissent les situations de monopole et le dumping sous toutes ses formes, de nouvelles règles communautaires ont vu le jour dans le domaine du commerce et bien dans d'autres, etc. En dépit de tous ces changements, la convention d'établissement liant l'État du Sénégal à la CSS reste maintenue dans sa quintessence, depuis 1970, en ne faisant l'objet que de quelques retouches cosmétiques. Aucun régime, depuis cette date, n'a eu le courage politique d'y mettre fin et *« un jeu de poker menteur, un théâtre de jeux de dupes »*[98] permanent a fini de s'installer entre l'État et la CSS : cette dernière rappelle toujours au premier que sa disparition signifierait la perte de 8 000 emplois directs et autant d'emplois indirects avec d'autres inconvénients non négligeables comme la baisse des revenus fiscaux de l'État. En réalité, ce sont les accointances entre les hauts responsables de la CSS avec l'élite politico-administrative du pays qui empêchent que les véritables intérêts du Sénégal priment. Ces accointances peuvent être illustrées à travers les faits relatés ci-après.

En dépit des nombreux et généreux cadeaux qu'elle reçoit de l'État sénégalais, la CSS est accusée de fraude au détriment de l'État sénégalais, en octobre 1995, par le journal indépendant Sud Quotidien. Selon ce journal, la CSS avait importé du Brésil une cargaison de 16 500 tonnes de sucre. Elle aurait déclaré que c'était du sucre roux (donc, du sucre brut destiné à être raffiné) alors, qu'en fait, ce serait du sucre blanc, c'est-à-dire du sucre prêt à être injecté directement sur le marché. Selon le journal, la CSS aurait dû payer 2,4 milliards de francs CFA de taxes douanières au lieu des 703, 5 millions de francs CFA effectivement acquittés. D'où un manque à gagner pour le Trésor sénégalais, assimilable à une fraude, de 1,7 milliard de franc CFA. Se sentant diffamé, Jean-Claude Mimran intenta alors un procès en diffamation. Selon la chroniqueuse Henriette Niang Kandé, cela *« a valu à Sud*

[98] Diallo Amadou Oury et Julien Wagner (2019). Sucre : au Sénégal, poker menteur entre la CSS et l'État. Jeune Afrique. Article mis en ligne le 20 janvier 2019. Saisi à partir de : https://www.jeuneafrique.com/mag/708838/economie/sucre-au-senegal-poker-menteur-entre-la-css-et-letat/

quotidien 7 plaintes, 38 chefs d'inculpation et 15 délits commis à l'encontre de Jean Claude Mimran et 23 à Claude Chavane, le directeur général de la Compagnie sucrière »[99]. À l'issue du procès Sud Quotidien est lourdement condamné, le 27 juin 1997, à une amende de 500 millions de francs CFA plus un mois d'emprisonnement ferme à l'encontre de ses journalistes auteurs de la série d'articles incriminant la CSS. Ce verdict est confirmé en appel.

Cette condamnation n'a pas permis, aux yeux de l'opinion publique sénégalaise, de lever les soupçons de fraude qui pesaient sur la CSS ni de laver l'honneur de Jean-Claude Mimran. Bien au contraire, pour le sénégalais lambda, la CSS serait bien l'auteur des faits qui lui étaient reprochés et que seules les accointances de ses responsables avec le sommet de l'État l'ont sauvée de cette mauvaise passe. En effet, le ministre en charge du Budget d'alors, Mamadou Lamine Loum, sous l'autorité de laquelle relève le corps de la Douane, *« avait banalisé cette fraude en affirmant qu'une dizaine d'affaires de ce genre sont enregistrées chaque jour (...) et qu'il n'y a plus lieu de poursuivre les investigations »* après avoir affirmé que le sucre roux avait un aspect *« blanchâtre »*[100]. D'où l'expression restée dans les annales judiciaires et journalistiques de *« sucre roux d'aspect blanchâtre »*[101]. Plus grave, le Président Abdou Diouf avait attendu la veille du verdict que devait livrer la Cour d'Appel de Dakar, relativement à cette affaire, pour décorer, de la médaille de Grand Officier de l'Ordre national du Lion, Jean Claude Mimram et son frère Robert. Cela n'était-il pas un message indirect aux

---

[99] Henriette Niang Kandé (2011). Flagrantes dérives. Sud Quotidien. Chronique mise en ligne le 27/04/2011. Saisie à partir de : https://www.sudonline.sn/flagrantes-derives-_a_2579.html

[100] Barry Moustapha (2012). Médias et pouvoir au Sénégal depuis les indépendances (1960). Thèse de doctorat en Information et Communication soutenue le 07 Mars 2012. Université Paris 2 Panthéon Assas, p. 284

[101] *Ibid.*

juges en charge du dossier ? On serait tenté de répondre par l'affirmative. Et, ils ont bien décodé le message présidentiel qui sort, subtilement, de sa neutralité en tant que Garant des institutions. Cela a amené un autre célèbre journaliste, Demba Ndiaye, en commentant la confirmation de la peine par la Cour d'Appel, à dire que *« le Président lave plus blanc que Loum »*. Ce qui lui a valu, à son tour, une inculpation pour *« diffusion de fausses nouvelles, atteinte au crédit des institutions, offense et injure au chef de l'État »*[102]. Ce qui a fini de conforter, dans l'opinion publique sénégalaise, l'idée que la CSS bénéficie des protections au sommet de l'État.

6.2 Le bradage de la SONACOS à prix d'amis

Depuis la colonisation, l'économie sénégalaise est principalement articulée autour de la monoculture de l'arachide. Plusieurs modes organisationnels et institutionnels ont été essayés par l'État du Sénégal pour gérer la culture, la commercialisation, la transformation et l'exportation de l'arachide. Lorsque survenait la première alternance démocratique, en 2000, la gestion de la filière arachidière incombait à la Société nationale de Commercialisation des Oléagineux du Sénégal (SONACOS) dont l'État détenait 87,06% des actions. Le nouveau régime a trouvé que celle-ci se trouvait sur la liste des entreprises publiques à privatiser dressée depuis 1995 dans le cadre de la vague de privatisations opérées par l'État. Donc, c'est tout naturellement qu'il entendait poursuivre ce processus de cession de l'entreprise publique à un ou des repreneurs privés capables d'assurer la continuité des activités et de développer la filière arachidière.

Comme dans toutes les privatisations qui ont eu lieu, pour se départir de la SONACOS, l'État se fait assister par une Commission spéciale de suivi du désengagement de l'État (CSSDE) instituée par la loi n° 87-23 du 18 août 1987 portant privatisation d'entreprises. Pour mieux déterminer le prix de cession de la SONACOS, la CSSDE a fait appel à un consortium de spécialistes composé de BNP/PARIBAS-SOFRECO-BDO

---

[102] Henriette Niang Kandé (2011). *Op. cit.*

MBA. Selon les résultats des deux méthodes d'évaluation retenues, le consortium parvient à une valeur estimée comprise entre 15 milliards de francs CFA et 18 milliards de francs CFA (méthode des cash-flows) et à une valeur de 24,8 milliards de francs CFA (méthode de l'actif comptable). Seules deux offres d'achat étaient reçues par la CSSDE à la date du 1er juin 2004 : la première était faite par le Groupe français ADVENS basé à Paris et dirigé par Abbas Jaber (un franco-sénégalais-libanais) ; la seconde émanait du Consortium Guerté Sénégal (un regroupement d'hommes d'affaires et de producteurs d'arachide sénégalais). Ce dernier est éliminé, de facto, pour n'avoir pas déposé, au préalable, la garantie de soumission qui était fixée à 1 milliard de francs CFA.

Pour le rachat des 66,90% des actions de l'État, le Groupe Advens proposait 2,8 milliards francs CFA. Ce qui était largement insuffisant et conduisait la CSSDE à rejeter son offre. Finalement, c'est la CSSDE qui est écartée du processus, en violation de la législation sur la privatisation, au profit d'un Comité ad hoc mis en place par le ministère de l'Économie et des Finances. Ce Comité ad hoc finit par trouver une entente avec le Groupe Advens sur un prix de 5,3 milliards de francs CFA pour la cession des 66,90% des actions détenues par l'État dans le capital de la SONACOS. Il en fit la proposition, le 24 décembre 2004, au Chef de l'État, le Président Abdoulaye Wade, qui s'est empressé d'entériner la transaction. Les nouveaux acquéreurs changent le nom de la société : la SONACOS devient ainsi SUNÉOR. Ce qui ressemble à un bradage ou tout simplement un arrangement entre amis sur le dos du peuple. Cela a amené l'Inspection générale d'État, au terme d'une investigation, à conclure que *« force est de constater qu'à l'occasion de sa privatisation, la Société nationale de Commercialisation des Oléagineux du Sénégal (SONACOS) n'a pas été cédée à son juste prix »*[103]. L'IGE ne s'y trompe pas

[103] IGE (2015). Rapport public sur l'état de la gouvernance et de la reddition des comptes. Inspection générale d'État (IGE) du Sénégal, juin 2015, p. 104

en rangeant cette transaction dans le lot de la mal gouvernance. Céder 66,90% des actions d'une société évaluée à 24,8 milliards de francs CFA au prix de 5,3 milliards de francs CFA dépasse l'entendement. Aucun argument rationnel ne saurait soutenir la justesse et la pertinence d'une telle décision. Cela prouve que les intérêts du pays, ceux du peuple et des générations à venir constituent le cadet des soucis de l'élite politico-administrative.

Plus grave, au moment de l'acquisition de la SONACOS, le Groupe ADVENS s'était engagé à investir 16,8 milliards de francs CFA sur une période 5 ans, ce qu'il n'a pas fait ou n'a réalisé que partiellement. Au terme de la période des 5 ans, le montant total des investissements réalisés par SUNÉOR s'élevait à 8,4 milliards de francs CFA, soit 50% de ce qui a été initialement prévu. Ce sous-investissement n'a pas manqué d'avoir des effets négatifs tant sur le fonctionnement de la nouvelle entité que sur la filière arachidière tout entière.

Ces conditions scandaleuses entourant la privatisation de la SONACOS ont conduit le nouveau régime, installé en avril 2012, à rouvrir le dossier et à « renégocier » le prix de la cession. C'est ainsi que Abbas Jaber, cerné de toutes les parts, a accepté de payer une rallonge de 5,4 milliards de francs CFA. Peu importe, le mal est déjà fait. Le plus inacceptable dans tout cela est que la gestion de SUNÉOR s'est effectuée avec une stratégie de dépouillement à travers la *« mise en place de sept sociétés écrans : ADVENS, M2A, IMIS, TAMAYA, SDSHA, ITS et COPACO. Des sociétés qui pouvaient se placer ainsi en amont comme en aval de toutes les activités de SUNÉOR. Ces sociétés se plaçaient comme fournisseurs de la SUNÉOR, ne manquant pas de faire de la surfacturation dans toutes les commandes que SUNÉOR effectuait auprès d'elles. C'étaient elles aussi qui se chargeaient d'acheter, à bas prix, certains produits que SUNÉOR mettait sur le marché »*[104]. Pire, en février 2015, le Groupe ADVENS a failli

---

[104] Dakar7 (2015). Comment Abbas Jaber a tenté de dépouiller Sunéor ? Article mis en ligne sur le site du journal Dakar7 le 28 octobre 2015. Saisi à partir de : https://www.dakar7.com/4410-2/

vendre la SUNÉOR, de façon morcelée, en concluant, avec le Groupe français AVRIL (anciennement SOFIPROTÉOL), un contrat prévoyant la cession de ses activités de trituration qui se font essentiellement dans les établissements de Lyndiane (Kaolack) et de Ziguinchor. Il a fallu une mobilisation et une pression des acteurs de la filière arachidière et des syndicats sur le Gouvernement pour que celui-ci soit amené à s'opposer à la transaction. Si cette dernière s'était réalisée, elle aurait permis au Groupe ADVENS de faire une jolie plus-value.

Finalement, au regard des difficultés qui ne cessaient de s'amonceler, des négociations sont entamées entre SUNÉOR et l'État du Sénégal pour que celui-ci reprenne les activités de la société. En décembre 2015, les deux parties signent un protocole d'accord de rachat de la SUNÉOR par l'État du Sénégal au prix de 6,7 milliards. Ce protocole a été longtemps tenu secret avant qu'il ne soit divulgué, récemment, grâce à une fuite organisée (par qui ?).

6.3 La concession du terminal vraquier à NECOTRANS : une nébuleuse

Au moment des faits, en 2013, le Groupe NECOTRANS était l'un des grands opérateurs évoluant dans le domaine de la logistique internationale avec une implantation dans plus de 30 pays africains. Ce qui en faisant le plus redoutable concurrent du Groupe Bolloré en terre africaine.

En novembre 2013, le Groupe NECOTRANS a bénéficié d'un contrat de concession, de 25 ans, portant sur le terminal vraquier multi produits sis au mole 8 du Port de Dakar. Ce qui lui permet de mettre la main sur toutes les opérations portuaires portant sur les produits et marchandises autres qu'alimentaires (minerais, phosphate, ciment, clinker, attapulgite, charbon…) notamment sur une superficie portuaire de 91 000 m^2. Plusieurs journaux avaient rapporté que la signature de ce contrat de concession avait donné lieu au paiement de 2 milliards de francs CFA en guise de ticket d'entrée. NECOTRANS s'engageait à investir, sur la durée du contrat, 74 millions d'euros, soit 48,5 milliards de francs CFA, pour notamment construire un nouveau quai de 500 mètres de long afin de pouvoir accueillir des navires de grands tonnages et acquérir des équipements adaptés (grues, trémies, camions, véhicules, etc.). Cette concession faite NECOTRANS a suscité, pour sa part également, plusieurs contestations dont les plus virulentes sont venues des acteurs du milieu portuaire comme le Syndicat des entreprises de manutention des ports du Sénégal (SEMPOS).

48,5 milliards d'investissements en 25 ans, revient à un investissement annuel moyen de 1,94 milliard de francs CFA. Les acteurs portuaires sénégalais auraient pu, facilement, remplir le cahier des charges s'il leur avait été donné l'opportunité de s'occuper du développement du terminal vraquier. Plusieurs de ces acteurs portuaires avaient attiré l'attention des autorités sur le fait que le Groupe NECOTRANS est exsangue financièrement et comptait surtout sur la valeur du contrat de concession qui lui était consenti (particulièrement sur la valeur du terrain de 91 000 m^2) pour obtenir l'argent nécessaire au financement de ses engagements.

Les faits leur ont donné raison, car moins de quatre années après l'obtention du contrat de concession, un jugement de liquidation judiciaire de NECOTRANS est rendu, en août 2017, par le tribunal de commerce de Paris et une bonne partie de ses actifs récupérés par un consortium mené par Vincent Bolloré. Plus grave, on apprenait, en juillet 2019, que non seulement que sa filiale, Terminaux Vraquiers du Sénégal (TVS), chargée de la gestion du contrat de concession est vendue à Sea Invest, mais également que NECOTRANS, pour réaliser les investissements auxquels elle s'était engagée, *« avait obtenu un prêt de 26 milliards de francs CFA auprès d'un pool bancaire grâce à une garantie de l'ancienne Direction générale du Port autonome de Dakar »*[105]. Une simple et rapide recherche permet de confirmer,

[105] Atlanticactu (2019). Cession du Contrat d'exclusivité de Necotrans à SEA INVEST, au Port autonome de Dakar : Les secrets d'un scandale. Saisi à partir de : http://atlanticactu.com/cession-du-contrat-dexclusivite-de-

effectivement, que les TVS font partie, désormais, de Sea Invest[106] qui les présente, sur son site internet, comme une de ses sociétés intervenant au Sénégal. Cette opération, sur laquelle les autorités sénégalaises n'ont pas ou ont peu communiqué soulève moult questions : sur quelles bases Sea Invest a-t-elle hérité le contrat de concession anciennement octroyé à NECOTRANS ? (est-ce que l'acquisition de TVS suffit à elle seule pour que Sea Invest hérite automatiquement de la concession ?) ; si la garantie du Port autonome de Dakar s'avérait juste, qu'adviendrait-il des 26 milliards que NECTRANS avait empruntés ? Est-ce que cette opération a donné lieu à toutes les déclarations, à tous les paiements rendus obligatoires par les lois sénégalaises notamment par le Code général des impôts ? Autant de questions, et bien d'autres, qui n'ont reçu aucune réponse ou explication de la part des autorités sénégalaises qui ne se lassent, pourtant de discourir sur la bonne gouvernance. La reddition des comptes, elles ne semblent pas connaître !

6.4 Refus de favoriser le Groupe TOTAL : une défiance chèrement payée

Le 2 mai 2017, l'État du Sénégal et TOTAL E & P ont signé deux contrats de recherche, de production et de partage d'hydrocarbures en offshore. La signature de ces deux contrats *« alimente des soupçons de favoritisme »* selon Pauline Tétillon[107], activiste et Vice-présidente de l'association française « Survie »

---

necotrans-a-sea-invest-au-port-autonome-de-dakar-les-secrets-dun-scandale/

[106] Voir la page présentant les activités Sea Invest au Sénégal sur le site internet du Groupe : https://sea-invest.com/fr/companies/?_sft_country-companies=senegal-fr

[107] Pauline Tétillon (2019). Total et Françafrique. L'histoire évolue mais continue. Billets d'Afrique, N° 288 – juillet - août 2019. Article mis en ligne le 29 janvier 2020.Saisi à partir de : https://survie.org/billets-d-afrique/2019/288-juillet-aout-2019/article/total-et-francafrique-l-histoire-evolue-mais-continue

qui lutte contre toutes les formes d'intervention néocoloniale française en Afrique.

Jusqu'au matin du 2 mai 2017, la signature des deux contrats, au nom de l'État du Sénégal devait être faite par le titulaire de la charge, Thierno Alassane Sall. Pour marquer l'importance du jour, Patrick Pouyanné avait fait le déplacement à Dakar pour procéder, lui-même, à la signature. On se rappelle, lors de la signature de l'accord de coopération entre le Sénégal et le Groupe TOTAL sur le pétrole offshore profond intervenu le 20 décembre 2016 à Paris lors de la visite d'État du Président Macky Sall en France, c'était Momar Nguer, un franco-sénégalais, Directeur général de la branche Marketing & Services et membre du Comité exécutif, qui avait signé au nom du Groupe TOTAL. Un grain de sable (il serait plus exact de parler de tempête de sable !) va faire gripper la machine à la dernière minute : la défenestration ou la démission (c'est selon) du ministre Thierno Alassane Sall. Il est remplacé, au pied levé, par Mahammed Boun Abdallah Dionne nommé, cumulativement avec ses fonctions de Premier ministre, Ministre de l'Énergie et du Développement des énergies durables, donc habilité à procéder à la signature des deux contrats. Ce qu'il a fait au quart de tour, comme un robot à la grande satisfaction de son chef.

Il a fallu attendre le 31 décembre 2018, pour avoir la première explication sur le départ brusque de l'attelage gouvernemental, le 2 mai 2017, de Monsieur Thierno Alassane Sall. Elle est venue du Président de la République, Macky Sall, lors d'un face-à-face avec la presse après son adresse à la Nation à l'occasion de la Saint-Sylvestre. À la question d'un des journalistes lui demandant de clarifier les conditions de départ de son ex-ministre en charge de l'Énergie, il répond, sur un ton agacé et énervé, nettement perceptible, que c'est lui qui l'a *« limogé »*. Il en a profité pour souligner l'excellence des relations bilatérales entre le Sénégal et la France. Il rappelle que cette dernière lui avait apporté sa solidarité et son soutien au lendemain de son élection à la magistrature suprême à travers l'octroi d'une aide alors que le pays, qu'il venait d'hériter, traversait des problèmes de trésorerie.

Il était confronté à des menaces de non-paiement qui pesaient sur les traitements et salaires des agents de la fonction publique et la compagnie nationale d'électricité rencontrait des difficultés dans son fonctionnement. C'est grâce à l'aide de France qu'il a pu faire face à tous ces périls en début de mandat.

Le concerné récuse d'avoir été « limogé » et confirme avoir « démissionné » de son propre gré au regard des conditions scandaleuses et léonines dans lesquelles les hydrocarbures du pays allaient être bradés à la multinationale française au détriment du peuple sénégalais. Il expliquera les raisons de son départ du gouvernement, lors d'une interview accordée à la journaliste Fanny Pigeaud de Mediapart et publiée le 18 février 2019. Dans cette interview, il commence par fixer le contexte en ces termes :

« Il y a eu au Sénégal des découvertes majeures de pétrole et de gaz en 2015 et 2016. Des "majors" du secteur se sont soudain intéressées à notre pays. Comme d'autres, le français Total et la société britannique BP, alliée avec l'américain Kosmos Energy, convoitaient ainsi deux blocs pétroliers offshore, appelés Rufisque Offshore Profond et Ultra Deep Offshore. Chacune de ces sociétés nous a soumis une offre. »[108]

Il devient plus explicite dans les raisons qui l'ont conduit à refuser de signer la convention avec TOTAL E & P Senegal et, subséquemment, son départ de l'attelage gouvernemental en apportant les précisions suivantes :

« Après le classement réalisé par la commission officielle instituée à cet effet, Total est arrivée en cinquième position. Son offre était nettement en dessous de celles que l'État avait pu recevoir au cours des quinze années précédentes. (...) Mais le

[108] Pigeaud Fanny (2019). La gestion des ressources n'a jamais été aussi opaque. Entretien avec Thierno Alassane Sall. Mediapart. Entretien publié le 18 février 2019. Saisi à partir de : https://www.mediapart.fr/journal/international/180219/au-senegal-la-gestion-des-ressources-n-jamais-ete-aussi-opaque?onglet=full

président Macky Sall a décidé que Total se verrait attribuer les deux blocs. »[109]

Il parait évident, au regard de la cohérence de ses explications, que celles-ci sont plus pertinentes et cadrent mieux avec les faits. Elles valident l'hypothèse de la démission. Celle qui voudrait présenter son départ du gouvernement comme un *« limogeage »* décidé par le Président Macky Sall recèle plusieurs incohérences et incongruités. En effet, il est établi, de façon irréfutable, à travers les versions servies par les deux parties protagonistes de cette affaire, que le départ de Thierno Alassane Sall du gouvernement a été acté le matin même du 2 mai 2017 à quelques heures, voire à quelques minutes de la signature des deux contrats. Dans ce cas, face à un acte soudain et imprévisible, parler de *« limogeage »* ne tiendrait pas la route. Si le Président Macky Sall n'était pris au dépourvu par la décision de son ex-ministre, il aurait eu le temps de réfléchir à son changement par une personne plus dévouée à sa personne. Le fait de nommer, au pied levé, le Premier ministre comme Ministre chargé de l'Énergie (pour lui conférer l'habilitation légale à signer les deux contrats), prouve si besoin est, qu'il a été pris de court. À moins qu'il improvise. Ce qui serait, encore, plus grave au regard de ses responsabilités.

Tout au plus, il pouvait avoir des doutes sur le refus possible de son ex-ministre de signer les deux contrats compte tenu des échanges eus avec le concerné sur ses réserves concernant ce dossier. En Afrique, pour préserver la crédibilité du Chef et éviter d'écorner son autorité, le départ d'un collaborateur est toujours présenté comme le résultat de sa volonté de mettre fin à leur collaboration, donc comme un *« limogeage »*. Personne ne devrait être capable, en théorie, de lui tenir tête. C'est lui seul qui décide. Et lorsqu'il décide, tout le monde doit s'exécuter, et rapidement. Peu importe que sa décision soit légale ou non. L'État, la République, la Constitution, les institutions, c'est lui. La justice est sous ses ordres. Les forces de sécurité et de l'ordre lui appartiennent.

---

[109] Pigeaud Fanny (2019). *Op. cit.*

La thèse de la démission de l'ex-ministre est plus plausible, plus conforme à la réalité si on intègre dans l'analyse d'autres éléments liés, d'une part, à la personnalité de Thierno Alassane Sall et, d'autre part, à son profil technocrate. S'agissant de sa personnalité, il traîne la réputation d'un homme intègre, rigoureux et toujours droit dans ses bottes, qui appelle un chat par son nom. Pour ce qui est de son profil, il fait partie de la crème professionnelle du pays et est venu tardivement à la politique : ingénieur en télécommunication et en aviation civile de métier, il a occupé d'importantes fonctions, tant au plan national qu'à l'international dans des domaines aussi pointus que la sécurité aérienne. Ce qui lui confère un bagage professionnel très appréciable et largement au-dessus de celui que présentent habituellement les hommes et femmes qui font de la politique un métier. Donc, il dispose les compétences techniques nécessaires pour lui permettre d'apprécier les tenants et aboutissants de dossiers aussi complexes comme les contrats pétroliers. En plus, il a le courage d'exprimer ses opinions et de les assumer.

Plus intéressant encore, cette longue réponse contient des éléments susceptibles de conforter la thèse de favoritisme avancée par Tétillon (2019)[110]. En effet, il est difficile de comprendre, voire impossible de justifier qu'une entreprise soit déclarée vainqueur au terme d'un processus d'appel d'offres où elle arrive à la cinquième position. Non plus, il est incompréhensible qu'un État, responsable et uniquement préoccupé par l'intérêt public, puisse concéder à une compagnie deux contrats considérés comme potentiellement très juteux et convoités par d'autres concurrents sans faire jouer, pleinement et de façon transparente, la concurrence. C'est scandaleux de permettre à une compagnie soumissionnaire de fixer arbitrairement et au gré de ses seuls intérêts, les montants contractuels. Accepter pareille chose, relève de la forfaiture.

Lorsque la journaliste demande à l'ancien ministre Thierno Alassane Sall pourquoi le Président de la République a-t-il choisi

[110] Tétillon (2019). *Op. cit.*

le Groupe Total ? Il apporte la réponse suivante : *« il (le Président) a fait valoir l'ancienneté et la solidité des liens entre le Sénégal et la France. Il a dit que la France nous accordait des prêts chaque fois que de besoin, donnant l'exemple d'un prêt de 100 millions d'euros, soit 65 milliards de francs CFA, obtenu à son arrivée au pouvoir en 2012, qui lui avait permis de payer les salaires des fonctionnaires. Sans cet argent, le pays aurait connu une crise majeure, selon lui »*[111].

Cette réponse conforte les débuts d'explication que le Président Macky Sall avait lui-même fournis face aux journalistes. C'est scandaleux qu'une personne, qui préside au destin de son pays, puisse prendre des décisions, aussi importantes que stratégiques, qui lèsent gravement, et de manière durable, aux intérêts de son peuple, sur la base de considérations affectives ou émotives. Les prêts consentis par la France ne sont pas une charité. Ils vont être payés par le peuple. Ils confortent ses intérêts et sa mainmise sur le Sénégal. D'ailleurs c'est à se demander le rôle exact joué par les autorités politiques françaises de l'époque dans l'obtention de ces deux contrats par TOTAL E & P Senegal ? En effet, c'est au cours d'une visite d'État du Président sénégalais en France qu'un premier accord de partenariat avait été conclu entre le groupe TOTAL et l'État sénégalais. Sa signature a eu lieu sous les lambris dorés du palais de l'Élysée en présence des deux chefs d'État (François Hollande était alors Président de la République française).

6.5 L'éviction de la SDE par SUEZ : le gouvernement joue la préférence française

Le feuilleton du duel SDE — SUEZ a tenu en haleine le monde des affaires et, par-delà, toute l'opinion publique nationale. Il a fini par être un combat médiatique, tant au plan national qu'international, où on entendait tout et son contraire. Les deux parties ont mobilisé leurs réseaux, affidés et souteneurs de tout acabit. Le jeu en valait la chandelle eu égard à l'immensité du

[111] Pigeaud Fanny (2019). *Op. cit.*

pactole en jeu, du jackpot on devrait dire : le contrat d'affermage pour la production et la distribution d'eau dans les centres urbains du Sénégal, c'est un chiffre d'affaires annuel d'au minimum 100 milliards de francs CFA sur une période de 15 ans ! Pour rappel, la SDE avait réalisé, en 2017, un chiffre d'affaires de 103 milliards de francs CFA, soit un peu plus de 157 millions d'euros.

Ils étaient trois soumissionnaires pré-qualifiés après le lancement de l'appel d'offres en mai 2016 : SDE, SUEZ et VEOLIA. Cela s'est transformé en duel, par la suite, après l'annonce, le 23 octobre 2018, du ministère de l'Hydraulique et de l'Assainissement attribuant la concession provisoire du service public de l'eau à SUEZ. Ce qui signifiait, pour la SDE, son arrivée au terminus après un partenariat de vingt-deux ans avec l'État sénégalais.

SUEZ est une société anonyme de droit français à Conseil d'Administration, immatriculée au Registre du commerce et des sociétés de Nanterre (France) avec ENGIE (un autre groupe français) comme partenaire stratégique et actionnaire de référence (32,06 % des actions). Elle est présente *« sur l'ensemble de la chaîne de valeur de la gestion de l'eau et de la valorisation des déchets : de la construction et l'exploitation des réseaux et des infrastructures d'eau, de la collecte, du tri et de la valorisation jusqu'à la production d'énergie renouvelable, de nouvelles matières et la fourniture de services digitaux »*[112].

Quant à la SDE, son capital est détenu, à 57% par Eranove, un groupe industriel panafricain anciennement Finagestion, une filiale du Groupe Bouygues que celui-ci a fini par céder, majoritairement, à Emerging Capital Partners (ECP). ECP est un fonds d'investissement panafricain basé aux États-Unis, le plus important gérant de *private equity* sur le continent africain. Il

[112] SUEZ (2020). Document d'Enregistrement Universel 2019, p. 32

détient 53,3% du capital d'Eranove[113]. Le reste du capital d'Eranove est partagé entre la compagnie AXA, des institutionnels et des privés africains ainsi que des travailleurs du groupe (managers et salariés). Pour rappel, le *private equity*, généralement appelé capital investissement, sont des fonds d'investisseurs qui apportent de l'argent frais aux entreprises en entrant dans leur capital avec l'idée de revendre, tout ou partie, de leurs actions quelques années plus tard en réalisant une importante plus-value. Le reste du capital de la SDE était détenu par des privés sénégalais (33%), l'État du Sénégal (5%) et les travailleurs de la société (5%). On constate, donc, qu'il ne reste plus grand-chose de français dans le capital de la SDE, car le Groupe Bouygues s'y était complètement désengagé en cédant la majorité de ses actions à ECP et puis ce qui lui en restait au Groupe AXA.

Au vu de ces éléments, sur la configuration du capital des deux protagonistes, le duel n'opposait pas deux entreprises françaises, comme l'a souvent présenté la presse sénégalaise. En réalité, ce duel mettait aux prises une entreprise française (SUEZ) et une entreprise sénégalaise et panafricaine (SDE). Ce qui simplifie le choix des autorités sénégalaises, connues pour leur dévouement aux intérêts français. Ceci constitue la première clé pour comprendre ce qui s'est passé dans ce scandale.

En déclarant, le 23 octobre 2018, SUEZ attributaire provisoire du contrat d'affermage, le ministère de l'Hydraulique et de l'Assainissement a surpris tout le monde, sauf peut-être le vainqueur et ses soutiens. SDE venait de se faire retirer le tapis sous les pieds. Elle pensait bénéficier d'une prime au sortant pour avoir été concessionnaire du contrat d'affermage depuis 1996. Cela n'a eu aucun effet escompté. Elle croyait que son bilan plaiderait pour elle. Cela n'a pas été le cas. Elle s'attendait à remporter la mise, car ayant fait, selon les propres aveux du ministre de l'Hydraulique et de l'Assainissement, l'offre

---

113 ERANOVE (2020). Actionnariat. Saisi à partir de : https://www.eranove.com/le-groupe-industriel-panafricain-eranove/actionnariat/

financière la moins-disante. Non plus, cela ne lui a pas été d'un grand secours.

En effet, *« l'analyse des offres fait apparaître des différences entre SDE et Suez*

- *42 milliards de FCFA dû à la différence de 11,6 F par m³ entre les 286,9 F/m³ proposés par SDE et les 298,5 F/m³ proposé par Suez*
- *73 milliards de FCFA dû à la différence de prix de branchements de 99.000 FCFA proposé par SDE contre 239.000 FCFA proposé par Suez*

(...) Un écart dans les propositions de 115 milliards FCFA. »[114]

Mais pour le ministère de l'Hydraulique et de l'Assainissement, *« Il ne s'agit pas de l'offre technique uniquement, ou de l'offre financière uniquement. Il s'est agi de choisir l'offre économiquement la plus avantageuse, soit la plus cohérente entre l'offre technique et l'offre financière »*[115].

Les recours administratifs introduits par les deux perdants, la SDE et VÉOLIA, auprès du ministre de l'Hydraulique et de l'Assainissement sont rejetés par celui-ci le 31 octobre 2018. La SDE entame alors la phase contentieuse en déposant, le 5 novembre 2018, un recours auprès de l'Autorité de régulation des marchés publics (ARMP) pour des non-conformités constatées dans le processus ayant conduit au choix de son concurrent.

---

[114] Mbaye Mamadou O. (2020). De SDE à Suez, zone d'ombre dans la distribution de l'eau au Sénégal. Article publié, le 2 janvier 2020 par Financial Afrik. Saisi à partir de https://blog.financialafrik.com/2020/01/02/courrier-des-lecteurs-de-sde-a-suez-zone-dombre-dans-la-distribution-de-leau-au-senegal/

[115] Laplace Manon (2019). Sénégal : la SDE perd l'exploitation de l'eau potable face à Suez. Article publié le 24 octobre 2018 par Jeune Afrique. Saisi à partir de : https://www.jeuneafrique.com/652358/economie/senegal-la-sde-perd-lexploitation-de-leau-potable-face-a-suez/

Un coup de théâtre se produit en février 2020 : le Comité de règlement des différends (CRD) de l'ARMP donne raison à la SDE. Il annule le marché provisoire attribué à SUEZ et ordonne de reprendre l'évaluation des offres en se limitant aux seuls critères énoncés dans le dossier d'appel d'offres. Le ministère de l'Hydraulique et de l'Assainissement reprend son évaluation et déclare, de nouveau, SUEZ vainqueur. Cette fois-ci, l'ARMP confirmera sa décision. Cette dernière est attaquée par la SDE en introduisant, auprès de la Cour suprême, un recours en urgence aux fins de suspension de la décision de l'ARMP. Le 10 octobre 2019, la Cour suprême juge qu'il n'est pas nécessaire de suspendre la décision provisoire attribuant le contrat d'affermage à SUEZ. Donc, le processus menant à une attribution définitive pouvait se poursuivre. Ce qui a conduit à la signature du contrat entre l'État du Sénégal et SUEZ, le 30 décembre 2020, en dépit d'un second recours, en rabat d'arrêt, introduit par la SDE devant la Cour suprême. L'affaire paraît loin d'être terminée, car des procédures étaient annoncées au niveau international notamment auprès de la Cour de Justice de la Communauté économique des États de l'Afrique de l'Ouest (CEDEAO).

Ce processus d'attribution du contrat d'affermage a donné lieu à des accusations de corruption à l'encontre du ministre de l'Hydraulique et de l'Assainissement, par ailleurs Maire de la ville de Saint-Louis du Sénégal. En effet, le réputé hebdomadaire satirique français, le Canard enchaîné, a révélé que SUEZ avait offert, en 2015, cinq camions à bennes-tasseuses à la ville de Saint-Louis[116]. Ce qui éveille des soupçons de corruption, selon le Forum social sénégalais (FSS), une organisation non gouvernementale (ONG). De plus, le FSS trouve également suspecte, la déclaration du Directeur Général de SUEZ, Bertrand Camus, faite lors d'une interview accordée au magazine

[116] Diallo Amadou Oury (2019). Eau potable au Sénégal : le comité ministériel confirme la victoire (provisoire) de Suez. Article publié le 19 avril 2019 par Jeune Afrique. Saisi à partir de : https://www.jeuneafrique.com/764986/economie/eau-potable-au-senegal-le-comite-ministeriel-confirme-la-victoire-provisoire-de-suez/

panafricain Jeune Afrique, en affirmant que son Groupe avait dépensé *« plusieurs millions d'euros »* dans cet appel d'offres. Autant d'éléments que le FSS trouvait suffisamment graves pour l'amener, à déposer une double plainte pour soupçons de corruption : une à Dakar auprès de l'Office National de lutte contre la Fraude et la Corruption (OFNAC) et une seconde à Paris auprès du Tribunal de première instance de Paris, en collaboration avec l'association française dénommée Conseil citoyen droit à l'eau et à l'assainissement.

La seconde clé de compréhension de ce qui s'est passé réside dans les rapports qu'entretient le Président Macky Sall avec SUEZ. Des rapports qui ne datent pas d'aujourd'hui et qui ne sont pas clairs. Dans ce dossier, dont l'opacité est la caractéristique principale malgré un apparent respect des règles de forme, on peut affirmer, sans risque de se tromper, que le ministre de l'Hydraulique et de l'Assainissement n'a agi qu'en bon soldat. La seule personne qui tirait les ficelles serait le Président Macky Sall lui-même.

En effet, Macky Sall a été, de mai 2001 à novembre 2002, ministre des Mines, de l'Énergie et de l'Hydraulique et de novembre 2002 à août 2003, ministre d'État, ministre des Mines, de l'Énergie et de l'Hydraulique. Il s'est plu à le rappeler, alors devenu Président de la République, lors de la cérémonie de pose de la première pierre du projet Keur Momar Sarr 3, en décembre 2017, dans lequel SUEZ a été choisie pour exécuter les travaux de conception et de réalisation d'une usine de traitement ainsi que de pompage d'eau potable.

En sa qualité de ministre d'État, Ministre de l'hydraulique, Macky Sall assurait la tutelle sur la SONES dirigée alors par Mamadou Samb Delco, finalement brusquement limogé, en juillet 2004, par le Président Abdoulaye Wade pour des raisons nébuleuses. En sa qualité de Maître d'œuvre délégué pour l'État, il revenait, donc, à la SONES d'assurer le contrôle technique lors de la phase de réalisation du projet Keur Momar Sarr 2 par SUEZ (à travers sa filiale d'alors, Degrémont) et de procéder à la réception de l'ouvrage. Macky Sall avait présidé la cérémonie officielle de mise en service de l'ouvrage réceptionné. Neuf années après cette mise en service et à l'intérieur de la période de garantie décennale, une conduite d'eau en acier de Keur Momar Sarr 2 a explosé et causé des blessures à six travailleurs. La cause était due à l'inefficacité des systèmes anti-béliers, mis en place lors de la construction de l'ouvrage, lesquels avaient favorisé l'apparition de fissures au niveau des conduites d'eau sous l'effet de la pression. Or, la durée de vie des conduites d'eau en fonte et en acier est de 50 ans ! Ce qui laisse penser que l'ouvrage réceptionné n'aurait pas été pas conforme au cahier des charges. Cela avait causé, on se rappelle, une grave pénurie d'eau dans la région de Dakar pendant trois semaines, en septembre 2013. On se rappelle, aussi, en politicien, le Président Macky Sall s'était rendu sur place en tenue militaire, pour montrer qu'il était en guerre contre cette pénurie. Une pure opération de communication, alors que Dakar avait soif.

Au total, on voit à travers ces exemples non exhaustifs, que le bradage des ressources nationales s'est toujours effectué, peu importe le régime en place, avec la complicité de l'élite politico-administrative du pays. Cette dernière porte une grande responsabilité devant Dieu et devant l'Histoire du grand bond en arrière fait par le Sénégal en se complaisant dans un rôle de satellite dans ses rapports avec la France. Pour moins que les faits évoqués ci-dessus, sous d'autres cieux, des Chefs d'État en exercice ont été contraints à la démission suivie d'un emprisonnement et d'autres qui n'étaient plus en fonction se sont retrouvés derrière les barreaux d'une prison. De même, pour des scandales moins graves, des gouvernements sont amenés à présenter leur démission. Le phagocytage et la vassalisation des institutions et de tous les contre-pouvoirs sont passés par là. Le plus inquiétant dans tout cela, c'est la résilience du peuple qui absorbe tout et se montre amorphe face à la déprédation de ses ressources qui ne lui profite pas pleinement. Il préfère tout remettre à Dieu et vit dans l'espérance permanente d'un lendemain meilleur. Les prêches teintés de fatalisme de certains mercenaires de la religion ainsi que les propos propagandistes des tenants du pouvoir, relayés à longueur de journée par les stations de radios et plateaux de télévision complaisants ont fini par mener le peuple sur le chemin de l'abrutissement. C'est la triste et dure réalité. Il ne peut en être autrement lorsque la quasi-majorité de la population vit d'expédients, donc, ses préoccupations sont quotidiennes et se limitent à trouver de quoi faire « bouillir la marmite ».

Chapitre 7

La recolonisation : modes opératoires

Le processus de décolonisation s'était imposé à la France. Cette dernière s'était vu obligée de laisser ses anciennes colonies accéder à l'indépendance eu égard à la conjonction de nombreux facteurs externes (fin de la 2e guerre mondiale, début de la guerre froide, lutte de décolonisation en Indochine, conférence de Bandung, etc.) et internes (constitution d'une élite locale, création d'organisations syndicales, intérêt pour le champ politique avec la formation de plusieurs partis politiques, etc.). Elle a essayé de maintenir sa domination en l'exerçant sous une autre forme, à travers la Loi-Cadre, sous prétexte qu'il fallait préparer les colonies à l'indépendance dans un processus de partenariat. Le vote du NON par la Guinée, lors du référendum où cette offre de partenariat était soumise à la sanction populaire, et son accession immédiate à l'indépendance qui s'en est suivie, ont changé les plans de la France. Cette dernière s'était rendu compte que la période transitoire ne pourrait s'étirer indéfiniment. Surtout que la Guinée s'offrait en modèle pour la majorité des jeunes africains d'alors avides de liberté et pressés de prendre en mains leurs destinées. L'indépendance de ses colonies, regroupées autour des deux blocs AOF et AEF, était devenue incontournable. Alors, la France acceptait de la concéder, mais en s'assurant que celle-ci soit de façade. Pour cela, elle a mis en place un système articulé autour de trois piliers, diplomatique, économique et militaire, qui allait lui permettre, *« malgré la décolonisation, de consolider ses positions en Afrique subsaharienne »*[117] selon François Gouttebrune. C'est ce que cet auteur appelle *« l'implantation d'un*

[117] Gouttebrune François (2002). La France et l'Afrique : le crépuscule d'une ambition stratégique ?. In: Politique étrangère, n°4, 67e année, p. 1033-1047

jardin à la française »[118]. L'omniprésence et la place de choix des entreprises françaises au Sénégal, soixante années après l'indépendance, sont le fruit des actions de ses trois moyens d'intervention : diplomatiques, économiques et militaires.

7.1 Les moyens d'intervention diplomatiques : la diplomatie au service de l'économie française

Selon Jean-Louis Carrère, ancien sénateur et ancien président de la Commission des Affaires étrangères, de la Défense et des Forces armées du Sénat, *« la France déploie le troisième réseau diplomatique au monde »*[119]. Dès lors, parler de diplomatie économique revient à utiliser ce réseau pour aider la France à faire face aux nombreux défis économiques auxquels elle est confrontée notamment le chômage et le déficit de la balance commerciale. Pour Jean-Louis Carrère, *« la philosophie de cette nouvelle priorité est d'aller chercher la croissance là où elle se trouve, aujourd'hui principalement dans le monde émergent »*[120]. Pour Alain Joyandet, alors Secrétaire d'État chargé de la coopération *« finis les états d'âme sur le manque de démocratie ou la corruption en Afrique : la France doit "défendre ses parts de marché" »*[121]. La réception d'officiels sénégalais aux bords de Seine et les visites officielles d'autorités gouvernementales françaises au Sénégal participent, ultimement, à un seul but : trouver de nouveaux débouchés aux entreprises françaises et/ou conforter ceux qui existent.

---

118 *Ibid.*

119 Carrère Jean-Louis (2014). La diplomatie économique, « nouvelle frontière » de la politique française. Géoéconomie, 2014/3 n° 70, p. 9-22

120 *Ibid.*

121 Philippe Bernard (2008). La diplomatie française en Afrique au service des intérêts économiques. Article publié dans le quotidien Le Monde en date du 20 juin 2008. Saisi à partir de : https://www.lemonde.fr/afrique/article/2008/06/20/la-diplomatie-francaise-en-afrique-au-service-des-interets-economiques_1060810_3212.html

Tous les opérateurs de l'aide française au développement sont mis à contribution pour arriver à un tel objectif. Le premier de ces opérateurs est le Groupe Agence française de développement (AFD). Au-delà de ses missions d'aide au développement, son agenda caché consiste à un frayer une place aux entreprises françaises dans les pays où elle intervient. C'est qu'affirme, sans ambages, Jean-Louis Carrère lorsqu'il écrit *« lorsque l'Agence française de développement intervient dans un pays émergent sur des projets de développement durable, il faut que nos entreprises, performantes dans le domaine de l'eau ou des déchets, par exemple, puissent se positionner ultérieurement sur les marchés correspondants »*[122]. Cela a le mérite d'être clair. Cette pratique qui consiste à accorder un prêt, une subvention ou un don à un pays en développement et qu'en contrepartie qu'il soit obligé d'octroyer, tout ou partie, des marchés à des entreprises françaises, s'appelle une aide liée.

L'aide liée est bannie depuis 2001 par le Comité d'aide au développement (CAT) de l'Organisation de coopération et de développement économiques (OCDE), dont fait partie pourtant la France. Elle entrave le développement des pays en développement en ne leur permettant pas d'utiliser, de façon optimale, les fonds mis leur disposition. La France n'en a cure et ses intérêts en Afrique priment avant tout et sur tout. Parlant de la politique économique de la France en Afrique, Philippe Hugon estime que *« l'aide liée a ouvert des contrats à des firmes françaises, notamment de bâtiment et travaux publics (Bouygues, Dumez) ou dans l'eau et l'électricité (Bouygues, Électricité de France, Lyonnaise des Eaux, Vivendi) »*[123].

Dans les déclarations conjointes sanctionnant les travaux des 3e et 4e séminaires intergouvernementaux franco-sénégalais tenus respectivement à Paris le 19 octobre 2017 et à Dakar le 17 novembre 2019, on y trouve les exemples de plusieurs aides liées :

---

[122] Carrère Jean-Louis (2014). *Op. cit.*

[123] Hugon Philippe (2007). La politique économique de la France en Afrique. La fin des rentes coloniales ? Politique africaine, 2007/1, N° 105, p. 54-69

la France finance et ses entreprises bénéficient, en retour, de tout ou partie des contrats. C'est le cas, par exemple, lorsqu'il est stipulé, dans les déclarations conjointes sanctionnant une rencontre diplomatique bilatérale, que :

- les *« deux pays ont procédé à la signature d'un prêt garanti par BPI France permettant l'acquisition par le Sénégal d'un supercalculateur produit par Atos »*[124]. Concrètement cela veut dire que BPI, une banque publique d'investissement française, accorde, à l'État du Sénégal, un prêt de 15 millions d'euros (9,8 milliards francs CFA). Ce prêt est garanti par la France. Il servira à construire et à implanter un supercalculateur au Centre national de calculs scientifiques (CNCS) sis à Diamniadio. Le supercalculateur sera conçu et implanté par le groupe informatique français ATOS. Pour rappel, cet accord de financement a été signé par le ministre de l'Économie, des Finances et du Plan et celui de l'Enseignement supérieur et de la Recherche à l'occasion de la visite d'État de Macky Sall en France, du 19 au 22 décembre 2016.

- *« les deux pays procéderont à la finalisation de l'Accord et les garanties de financement de l'Airbus A330 néo d'Air Sénégal SA »*[125] : Un contrat d'acquisition de deux Airbus A330 neo est signé, le 2 février 2018, entre Air Sénégal représenté par son DG Philippe Bohn et le Responsable commercial de la

---

[124] Déclaration conjointe. 3e édition du séminaire intergouvernemental France-Sénégal tenu à Paris le 19 octobre 2017. Service de presse de Matignon, Saisi à partir de : https://www.gouvernement.fr/sites/default/files/document/document/2017/10/dossier_de_presse_-_seminaire_intergouvernemental_franco-senegalais_-_19_octobre_2017.pdf

[125] Déclaration conjointe. 4e édition du séminaire intergouvernemental Franco-Sénégalais tenu à Dakar le 17 novembre 2019. Service de presse de Matignon, Saisi à partir de : https://www.gouvernement.fr/sites/default/files/document/document/2019/11/dossier_de_presse_-_seminaire_intergouvernemental_franco-senegalais_-_17_novembre_2019.pdf

compagnie Airbus en Afrique et au Moyen-Orient, Fouad Attar, devant Macron et Macky Sall lors de la visite officielle au Sénégal, 1er -3 février 2018 du Président français. Selon *Challenges*, un hebdomadaire français spécialisé en économie dans les affaires, la valeur au prix catalogue de ces 2 Airbus A330 neo est d'au moins 510 millions de dollars (313 milliards de francs CFA au taux 1$US = 615 FCFA). Le Sénégal a mis sur la table 40 milliards de francs CFA, à travers la Caisse de dépôts et de consignation (CDC), et le reste devait être financé par des prêteurs étrangers avec les garanties de la France.

– *« Le Train express régional de Dakar restera un projet prioritaire de la coopération bilatérale pour un système de transport public moderne, (...) Aujourd'hui premier bailleur du projet, avec 310 M EUR de financements directs, la France poursuivra son engagement financier »*[126]. La réalisation de ce projet est essentiellement confiée à des entreprises françaises : ALSTOM, ENGIE, THALES, EIFFAGE, etc. L'exploitation de la ligne sera aussi confiée à des entreprises françaises (RATP et SNCF).

Pour parvenir à de tels résultats et à tant d'autres, la diplomatie française sait faire preuve de psychologie en utilisant les moyens adéquats pour toucher la sensibilité et l'orgueil des dirigeants sénégalais, car les Français savent que les dirigeants africains, à quelques exceptions près, fonctionnent à l'émotion et la rationalité ne fait pas partie de leur répertoire fonctionnel. C'est ainsi que, du lundi 19 au jeudi 22 décembre 2016, le Président Macky Sall a effectué, en grandes pompes, une visite d'État en France à l'invitation de son homologue français. Un honneur que son prédécesseur, le Président Abdoulaye Wade, avait recherché par tous les moyens et que la France lui a refusé jusqu'à son départ du pouvoir en 2012. La visite d'État occupe le sommet du protocole diplomatique et n'est réservée qu'aux Chefs d'État étrangers amis

[126] Déclaration conjointe. 4e édition du séminaire intergouvernemental Franco-Sénégalais tenu à Dakar le 17 novembre 2019. *Op.cit.*

de la France. La dernière en date d'un Chef d'État sénégalais en France remontait en 1992 avec le Président Abdou Diouf.

Le point d'orgue de cette visite d'État de Macky Sall a été le dîner d'État organisé à son honneur le 20 décembre 2016 au palais de l'Élysée. Auparavant, il a rencontré les leaders de l'institution parlementaire (Sénat et Assemblée nationale), la maire de Paris et a reçu les honneurs militaires à l'hôtel des Invalides. En outre, il est nommé membre associé de l'Académie des sciences d'outre-mer et a reçu un diplôme de Docteur honoris causa du Conservatoire national des arts et métiers (CNAM). Suffisant pour que la presse partisane et les thuriféraires se déchaînent en rivalisant d'ardeur et de qualificatifs pour célébrer cette reconnaissance. Cette dernière, lorsqu'elle vient de l'ancien colonisateur, booste la cote des présidents africains auprès de leurs pairs, en particulier ceux du pré-carré français.

Les préoccupations économiques ne sont jamais loin de ce protocole diplomatique aux allures impressionnantes. En effet, la visite d'État du Président Macky Sall en France a donné lieu à la signature, de ce que le jargon diplomatique appelle, plusieurs *« accords de coopération économique »*. Tous ces accords signés le sont au profit d'entreprises françaises : le Groupe TOTAL pour l'exploration et l'exploitation des hydrocarbures en offshore, ALSTOM, ENGIE et THALES pour la construction et la livraison de 15 rames de train express régional, la SNCF et la RATP pour la concession de l'exploitation de la ligne TER qui sera construite, EIFFAGE pour la construction de la ligne TER, ATOS pour la conception et l'implantation d'un supercalculateur, SUEZ pour l'assainissement urbain. *But last not least*.

Le même phénomène est observé lorsque c'est le Président français qui rend visite à son homologue sénégalais. C'est ainsi que la visite officielle qu'Emmanuel Macron a effectuée au Sénégal, du 1er au 3 février 2018, s'est soldée par la signature de plusieurs accords au profit d'entreprises françaises ou établies sur le sol français comme Airbus avec la signature d'un contrat d'achat de deux Airbus A330 neo.

Ces « douces pressions » diplomatiques ne se limitent pas seulement au niveau présidentiel. Elles se font à tous les niveaux des relations entretenues par les deux États : entre Premiers ministres (d'où la mise en place d'un cadre de rencontres baptisé « séminaire intergouvernemental Franco-Sénégalais »), entre ministres et entre principaux responsables diplomatiques. Il ne s'agit là que de relations formelles. Les « douces pressions » peuvent être aussi l'œuvre d'anciens hommes politiques français recyclés dans les affaires. Le plus illustre parmi eux est sans doute l'ancien Président Nicolas Sarkozy, qui siège en qualité d'Administrateur notamment dans le Groupe Accor Hôtels.

Les initiatives diplomatiques de la France pour aider ses entreprises à s'implanter en Afrique ne se limitent pas seulement aux interventions bilatérales ou celles d'anciens chefs d'État ou hommes politiques français. Elles peuvent prendre forme aussi d'actions discrètes, réalisées en sous-main, par des organismes privés et/ou associatifs qui lui servent de vitrine. L'exemple parfait est celui des *« Rencontres Africa »*. Ce concept évènementiel, conçu comme un instrument d'intervention au profit exclusif de l'économie française, est né de l'imagination de la diplomatie économique de la France en 2016. Il a été créé à l'initiative du ministère français des Affaires étrangères en collaboration avec celui de l'économie et des finances. Ces deux départements ministériels français se sont associés à la fondation Africa France et au groupe Classe Export qui en assure la vitrine et l'organisation.

Les *« Rencontres Africa »* consistent à organiser, alternativement à Paris et dans des capitales africaines triées sur le volet, des journées de rendez-vous d'affaires (conférences, colloques, sessions de networking, cocktails de réseautage) entre dirigeants d'entreprises françaises et responsables africains (secteur public et secteur privé) en vue de permettre aux premiers de capter les opportunités d'investissements en Afrique. Ils bénéficient d'une ligne de crédit ouverte, à cet effet, auprès de BPI France, qui est une banque publique d'investissement.

La 4e édition des *« Rencontres Africa »* s'est tenue, en octobre 2019, à Diamniadio au Sénégal, avec l'appui de l'Agence de Promotion des Investissements du Sénégal (APIX). Les autorités sénégalaises étaient ravies de la tenue, en terre de la Téranga, de cet instrument de néo-colonialisme économique en répétant, comme un leitmotiv, que ces journées offraient une belle opportunité pour trouver les financements nécessaires à la réalisation des projets du Plan d'actions prioritaires (PAP) de la deuxième phase du Plan Sénégal émergent (PSE). La plupart des autorités sénégalaises qui répétaient, à l'envi, cette ligne de presse prédéfinie, ne semblaient pas maîtriser, réellement, les soubassements politiques et économiques des *« Rencontres Africa »*. À moins qu'elles versent dans la duplicité.

7.2 Les moyens d'intervention économiques : le Groupe AFD comme instrument de pénétration des marchés des pays sous-développés

Le Groupe Agence française de développement (AFD) joue un rôle important dans le dispositif de maillage et consolidation des intérêts français (publics et privés) à travers le monde. C'est une institution publique, qui sert d'instrument à la France pour assurer son rayonnement dans le monde et jouer pleinement son rôle de superpuissance (que lui confère son niveau économique et sa place de membre permanent du Conseil de sécurité de l'Organisation des Nations Unies) à travers des actions de développement (économie, social, environnement, développement durable, capital humain, etc.). Ses interventions dans le champ du développement (et dans l'humanitaire aussi) complètent les actions de la France, à travers le monde, dans les domaines de la diplomatie et de la défense.

L'AFD étant un établissement public, il revient au gouvernement français, à travers son Comité interministériel de la coopération internationale et du développement (CICID), de déterminer les principales orientations qui guident les actions du Groupe dans le monde. Pour jouer son rôle, l'AFD dispose plusieurs moyens d'intervention comme les prêts, les subventions, la mise à disposition d'expertise et l'assistance technique. L'AFD intervient auprès des organismes publics (États, collectivités locales, etc.) et associatifs (Fondations, organisations non gouvernementales, etc.), tandis que sa filiale, la PROPARCO, s'occupe des activités de développement concernant le secteur privé.

Sur une décennie (2008 – 2018), les engagements cumulés de l'AFD au Sénégal ont atteint un niveau de 1,8 milliard d'euros (1 180,5 milliards de francs CFA) dont 56% sont constitués de prêts à l'État et d'aides budgétaires (17%). Les prêts à l'État servent à financer, en tout ou partie des investissements pour réaliser notamment des infrastructures, des programmes, etc. Les aides budgétaires sont des fonds transférés au Trésor public dans le but de lui permettre de financer une partie du budget national. Ces concours visent à aider l'État à prendre en charge, à travers son budget, certaines priorités d'ordre général et/ou sectoriel. En 2018, le portefeuille des investissements de l'AFD au Sénégal s'élevait à 973,6 millions d'euros, soit 638,5 milliards de francs CFA. 80,3% de ce portefeuille sont constitués de prêts faits à l'État et seulement 19% représentent des subventions. Ce qui confirme la France comme premier investisseur au Sénégal.

L'AFD semble agir tout en évitant d'être trop exposée, pour ne pas être perçue, négativement, par l'imaginaire collectif des Sénégalais comme c'est le cas des institutions de Breton-Woods (Banque mondiale, Fonds monétaire international). Par exemple, peu de personnes parviennent à établir un lien entre l'AFD et l'attribution de l'essentiel des marchés du TER aux groupes français (ALSTOM, ENGIE, THALÈS, EIFFAGE, RATP / SNCF, etc.). En effet, pour arriver à un tel résultat, l'AFD y aurait joué un rôle, car c'est elle qui a prêté au Sénégal les 200 millions d'euros (sur les 1 000 millions d'euros nécessaires au financement de la première phase) qui lui ont permis d'amorcer le projet. La déclaration conjointe à l'issue du 4e séminaire intergouvernemental franco-sénégalais tenu le 22 2019 à Dakar confirme que la France est *« aujourd'hui premier bailleur du projet, avec 310 M EUR de financements directs »*[127], soit plus de 203 milliards de francs CFA et 110 millions d'euros de plus que la mise initiale.

Dans le projet de Keur Momar Sarr 3 (sécurisation du dispositif d'alimentation en eau potable de Dakar), l'AFD fait partie des bailleurs de fonds, avec d'autres partenaires financiers du Sénégal. Le principal volet de ce projet a été remporté par une entreprise française (SUEZ), qui s'est associée, pour la circonstance, à une entreprise de bâtiment et travaux publics sénégalais, le Consortium d'entreprise (CDE). Le Groupe EIFFAGE n'est pas en reste, en gagnant un autre volet important du projet, à savoir la pose d'une canalisation de (37) kilomètres. Concernant ce projet Keur Momar Sarr 3, on constate, *a posteriori*, avec beaucoup d'interrogations, la justesse des prédictions de la presse française lors de la visite d'État que Macky Sall avait effectuée en France, en décembre 2016. Elle avait annoncé que SUEZ était bien placée pour remporter le jackpot et, à l'arrivée, le 1er février 2017, c'est effectivement elle qui a été déclarée vainqueur. Ces deux faits (présence de l'AFD parmi les financeurs d'un projet et sélection d'entreprises françaises pour exécuter tout ou partie du projet) sont loin d'être isolés en se limitant seulement aux cas du TER et de KMS3. On les constate dans tous les grands projets exécutés au Sénégal comme, par exemple :

- la réalisation, puis la concession de l'autoroute à péage, Pikine-Diamniadio, d'un coût de 148,4 milliards de francs CFA, confiées au Groupe EIFFAGE avec un concours de 40 milliards de francs CFA de l'AFD fait à l'État du Sénégal ;
- la réalisation, puis la concession de l'autoroute à péage, Diamniadio-AIBD (2x2 voies de 17 km), confiées, également au Groupe EIFFAGE avec un autre concours financier de l'AFD consenti à l'État du Sénégal ;

---

[127] Déclaration conjointe. 4e édition du séminaire intergouvernemental Franco-Sénégalais tenu à Dakar le 17 novembre 2019. *Op.cit.*

- la réalisation de deux centrales solaires à Touba et à Kahone (production respective de 58 GWh et 72 GWh destinée à des fins commerciales) grâce à un financement de PROPARCO (filiale de l'AFD) a donné lieu à l'implication de deux groupes français (ENGIE et le fonds d'investissement Meridiam).

Il est dès lors évident que le Groupe AFD continue de recourir à l'aide liée en dépit du bannissement de telles pratiques par l'OCDE.

L'exemple de la commande des 15 trains Coradia Polyvalent bi-mode (fonctionnement au diésel et à l'électricité) à l'usine d'Alstom de Reichshoffen, en Alsace, dans le cadre du projet TER est là pour rappeler et justifier qu'il serait légitime de s'interroger sur le véritable rôle que l'AFD jouerait dans l'attribution des contrats au profit d'entreprises françaises pour tous les projets sénégalais bénéficiant de son soutien financier. En effet, il est bon de rappeler que l'usine d'Alstom de Reichshoffen était sur le point de fermer ses portes faute de commandes avec, à la clé, la perte de 850 emplois. Et, comme un père Noël, lorsque Macky Sall y débarque le 19 décembre 2016, en marge de sa visite d'État, pour confirmer la commande de 15 trains d'un coût de 225 millions d'euros (147 milliards de francs CFA), il y est accueilli comme un héros, voire un bienfaiteur. Dans ce scénario, l'histoire retiendra que c'est le Sénégal qui paie la commande ayant permis à l'usine de ne pas fermer avec notamment l'argent prêté par l'AFD (200 millions d'euros) au grand bénéfice de la France. Il remboursera l'intégralité de la somme empruntée (plus les intérêts et autres frais, si minimes soient-ils), qui a servi à préserver des emplois en France. Sans bourse délier, la France parvient ainsi à financer, indirectement, la sauvegarde des emplois à Reichshoffen. Elle gagne sur toute la ligne. Selon un rapport des sénateurs français Jeanny Lorgeoux et Jean-Marie Bockel *« l'AFD a versé en dividende à l'État depuis 2004 un montant cumulé d'1,1 milliard d'euros »*[128]. On est loin de l'image philanthropique que le Groupe AFD essaie de dégager aux yeux des Africains.

Ce qui est plus scandaleux, dans ces relations incestueuses entre l'aide publique financière française et la mainmise des entreprises de ce pays sur tous les gros contrats, sinon les plus importants au Sénégal, c'est que cela se fasse au mépris des règles du marché : les contrats sont toujours offerts aux moins disant (offres les moins chères) et offrant la meilleure qualité. L'octroi de contrats publics aux entreprises françaises s'effectue toujours avec la connivence de l'élite politico-administrative du Sénégal, majoritairement corrompue. Ce phénomène n'est pas nouveau. Il était déjà perceptible dans les années 60 comme l'avait constaté l'ancien écrivain et journaliste Georges Chaffard lorsqu'il écrivit *« on peut se demander aussi s'il est très moral et très sain pour l'économie française que la quasi-totalité des grandes opérations d'infrastructure menées en Afrique noire, que ce soit sur crédits français, africains ou étrangers, soit confiée presque toujours au même petit groupe de sociétés françaises de travaux publics (elles-mêmes en relation avec un groupe bien déterminé de banques d'affaires), qui ont tendance à considérer comme chasses gardées les territoires francophones, et à pratiquer des prix plus élevés que ceux offerts par les entreprises étrangères, avec des conséquences doublement critiquables : préjudice relatif à l'économie locale, puisque l'absence de concurrence ne permet pas d'obtenir les mêmes services pour un prix moins élevé ; tentation de corruption sur le personnel dirigeant des États, pour obtenir le maintien des positions acquises et écarter les concurrents éventuels. Les problèmes ainsi soulevés sont d'ordre moral et politique. »*[129]

---

[128] Rapport d'information n° 104 (2013-2014) de MM. Jeanny LORGEOUX et Jean-Marie BOCKEL, fait au nom de la commission des affaires étrangères, de la défense et des forces armées, déposé le 29 octobre 2013 : L'Afrique est notre avenir. Saisi à partir de : https://www.senat.fr/rap/r13-104/r13-104.html

[129] Chaffard Georges (1964). L'aide économique et technique de la France aux pays en voie de développement. Le Monde diplomatique, mai 1964, pages

En plus du rôle du Groupe AFD, les banques françaises implantées au Sénégal jouent aussi un rôle très important dans le maintien du joug français sur l'économie sénégalaise. En effet, il est incompréhensible que le Sénégal, pays sahélien, c'est-à-dire appartenant à la zone considérée potentiellement comme la station solaire du monde, ne se soit jamais doté d'une politique énergétique visant à exploiter cet atout. Il est connu que l'énergie solaire est propre et inépuisable en plus d'être moins coûteuse dans le long terme. En dépit de ces connaissances établies, tous les gouvernements du Sénégal, de l'indépendance à nos jours, ont favorisé le développement de politiques énergétiques basées sur les ressources fossiles (hydrocarbures) dont le pays n'est pas producteur. Ce qui impose l'importation d'importantes quantités d'hydrocarbures avec, à la clef, une lourde facture qui grève les finances publiques et accroît le déficit de la balance des paiements. Cette incongruité, voire aberration s'explique simplement par la sauvegarde des intérêts français, en particulier ceux des banques commerciales et compagnies d'assurance françaises implantées au Sénégal.

Cela est confirmé par l'économiste sénégalais Sanou Mbaye lorsqu'il écrit, au sujet de l'inexplicable décision des autorités sénégalaises de privilégier les énergies fossiles au détriment de l'énergie solaire, qu'au Sénégal *« une telle entreprise compromettrait les importations de pétrole, source de rente pour l'élite et de profits colossaux pour les banques commerciales françaises : BNP Paribas et la Société générale financent ces opérations avec des crédits à court terme à des taux d'intérêt prohibitifs »*[130].

---

8 – 9. Article accessibles (abonnés) sur le site du journal. Saisi à partir de : https://www.monde-diplomatique.fr/1964/05/CHAFFARD/25970

[130] Mbaye Sanou (2012). Décollage africain, marasme sénégalais. Le Monde diplomatique, février 2012. Article accessible sur le site du journal (abonnés). Saisi à partir de : https://www.monde-diplomatique.fr/2012/02/MBAYE/47388

S'il est vrai que des efforts sont consentis depuis quelques années en vue d'augmenter la partie de l'énergie solaire dans la politique énergétique du pays, la construction d'une centrale électrique de 125 MW utilisant du charbon comme combustible de base, à Sendou, près du village de Bargny Minam, serait de nature à contrebalancer les maigres acquis engrangés jusqu'ici. En décembre 2019, le gouvernement sénégalais a pris la décision de renoncer à l'utilisation du charbon. Cela risquerait de ne pas changer la donne, car la décision de terminer la construction de la centrale de Sendou est maintenue. C'est simplement la nature du combustible qu'elle utilisera pour produire de l'électricité qui changera : le charbon sera remplacé par le gaz. Ce qui ne fera que continuer à conforter les bonnes affaires des banques et compagnies d'assurances françaises en attendant que le Sénégal soit capable de produire du gaz en quantité suffisante.

7.3 Les moyens d'intervention militaires : entre perte de souveraineté et aliénation du patrimoine

Porté à la tête de l'État sénégalais le 28 mars 2012, le Président Macky Sall s'est précité à Paris, moins de trois semaines après son investiture, pour y rencontrer son homologue français, candidat à sa propre succession et qui était en pleine campagne du second tour de la présidentielle. Deux résultats étaient sortis de cette rencontre inédite : d'une part, l'octroi, par la France, d'un prêt de 130 millions d'euros (86 milliards de francs CFA) au titre d'appui budgétaire avec libération d'une première tranche de 50 millions d'euros (près de 33 milliards de francs CFA) prévue à la fin du mois de juin et, d'autre part, la signature d'un Traité instituant un partenariat en matière de coopération militaire entre la République française et la République du Sénégal. À son retour au pays, le Président Macky Sall s'est gardé de révéler la teneur de ce Traité. Il a fallu attendre janvier 2014, soit près de deux années après sa signature, pour que ce Traité soit soumis à l'Assemblée nationale sénégalaise afin d'autoriser le Président de la République à le ratifier. Ce que les parlementaires ont fait, sans se poser de questions et à l'unanimité !

Le Traité instituant un partenariat en matière de coopération militaire entre la République française et la République du Sénégal signé à Paris le 18 avril 2012 était voulu et décidé par la France. Il s'inscrivait dans la réforme de la présence militaire française à travers le monde que le Président Nicolas Sarkozy a entreprise. Il concrétisait la volonté de la France de faire passer la pointe de Dakar, de base opérationnelle avancée (avec plus de 1 200 militaires des trois armes) à un pôle opérationnel de coopération à vocation régionale qui n'aura besoin que de la présence permanente de 300 militaires. Concrètement, cela signifie que Dakar devient un point d'appui, qui vise à faciliter les interventions militaires françaises dans la région ouest-africaine notamment à servir de base aux différents soutiens qu'elle offre aux forces africaines de paix de la région. Au regard de cet objectif, le Traité signé rompt avec les précédents accords militaires franco-sénégalais en excluant toute possibilité d'intervention directe des militaires français dans les affaires intérieures sénégalaises. Pour autant, la plume qui a servi à sa rédaction est trempée dans l'encre de la domination coloniale. Ce qui en fait un Traité léonin, qui lèse très gravement les intérêts sénégalais, que le Président Macky Sall a signé et que les parlementaires sénégalais ont approuvé comme lettre à la poste.

Aucune des dispositions dans le corps du Traité ne pose de problèmes spécifiques. Les problèmes, d'une ampleur insoupçonnée, sont enfouis dans les Annexes (au nombre de 3), lesquelles font partie intégrante du Traité. En effet, l'Annexe n°1 du Traité relative aux facilités accordées aux forces françaises stationnées ou en en transit du pôle opérationnel de coopération à vocation régionale, ressemble davantage à un cahier des charges auquel est tenu le Sénégal qu'à un Traité. C'est une liste d'obligations auxquelles le Sénégal doit se soumettre, seul, sans aucune contrepartie de la France lorsque l'alinéa 2 de l'article 1 de l'Annexe n°1 stipule que *« les dispositions de la présente annexe ne s'appliquent que sur le territoire de la République du Sénégal »*.

Les dispositions de l'alinéa 1 de l'article 7 de l'Annexe n°1 intitulé *« Installations et logements mis à disposition des forces françaises stationnées ou en transit »* stipulent que *« la Partie sénégalaise met gracieusement à la disposition des forces françaises stationnées ou en transit les installations suivantes, à titre exclusif :*

- *le camp de Ouakam ;*
- *la station d'émission interarmées de Rufisque ;*
- *le parc de Hann ».*

Cela est tout simplement scandaleux, car consacrant une renonciation, de fait, d'une partie du territoire national au profit de la France. C'est une grave atteinte à l'intégrité territoriale du pays lorsque le Sénégal accepte de concéder à la France, à titre exclusif, c'est-à-dire à la seule et unique jouissance de la France, certaines parties de son territoire national.

En plus de l'atteinte à l'intégrité territoriale, les dispositions de l'alinéa 3 du même article consacrent l'aliénation d'une partie du patrimoine sénégalais au profit exclusif de la France lorsqu'elles sont libellées en ces termes : *« la Partie sénégalaise met gracieusement à la disposition de la Partie française les logements suivants, à titre exclusif :*

- *les villas d'autorités de la Pointe de la Rade ;*
- *les logements de la cité Saint-Exupéry ;*
- *les logements de l'unité marine ;*
- *les logements du camp de Ouakam ;*
- *les logements du parc de Hann ;*
- *les logements de la station d'émission interarmées de Rufisque. »*

Comme si les autorités sénégalaises n'étaient pas contentes de leur travail de déconstruction nationale et voulaient donner plus de gages de fidélité à la France, elles y ont ajouté, à l'article 7, un alinéa 2 qui stipule que *« la Partie sénégalaise met gracieusement à la disposition des forces françaises stationnées ou en transit les emprises suivantes, à titre non exclusif :*

- *aéroport L.— S. Senghor, partie militaire ;*
- *celles des emprises de la base navale des forces armées sénégalaises occupées par les forces françaises (unité marine, direction des travaux, direction interarmées du service de santé des armées, centre médical interarmées et Poste Protection Sécurité Défense) ».*

Qui peut faire mieux, en termes de soumission à la France ? En tout cas, aucun responsable politique conscient de ses responsabilités doté d'un minimum de patriotisme n'aurait accepté cela. Aucune explication, aucune justification ne serait recevable pour asseoir la décision de renoncer à l'exercice de la souveraineté du Sénégal sur une partie du pays. Même s'il s'agit de quelques hectares. Avoir signé ce Trait relèverait, tout simplement, de la forfaiture. D'une haute trahison.

Cerise sur le gâteau, dans l'annexe n°1 du Traité, l'article 3 relatif à l'importation et au déplacement des matériels et approvisionnements prévoit que *« la Partie sénégalaise autorise l'entrée du matériel et des approvisionnements nécessaires aux activités et au fonctionnement courant des forces françaises stationnées ou en transit, en franchise de droits et taxes d'entrée ainsi que des prélèvements communautaires, à l'exception de ceux figurant dans l'annexe II au présent traité »*. Autrement dit, le Sénégal renonce à la perception de toute taxe sur tout ce qu'importeront les forces militaires françaises en dehors des exceptions suivantes : des carburants ; des denrées alimentaires à l'exclusion des rations de combat individuelles ; des peintures et produits de peinture (vernis, diluant) à l'exception des peintures et produits à usage strictement militaire (notamment les peintures de coque de bâtiments de guerre, d'avions militaires ou de véhicules blindés) ; des machines-outils, outillages à main et petites fournitures consommables pour les ateliers ; des matériels d'ameublement destinés aux membres du personnel, à l'exclusion du mobilier de casernement destiné à un usage militaire ; de l'électroménager destiné aux membres du personnel à l'exclusion des gros matériels destinés aux installations militaires ; du matériel de sport, y compris les embarcations et voiliers de plaisance ; des ordinateurs à l'exclusion des ordinateurs durcis à usage strictement militaire ; des produits pharmaceutiques.

Toutefois, si ces matériels, équipements et approvisionnements achetés dans le commerce local ou fabriqués dans l'industrie locale et réservés aux mêmes usages, ils sont alors *« exonérés de taxes »*. Non seulement, la France dispose des ilots de souveraineté dans le pays et ne paie pas de location pour le patrimoine immobilier sénégalais mis à sa disposition, elle est exonérée du paiement de plusieurs taxes fiscales et douanières dont le Sénégal a grandement besoin pour assurer son développement. Il aurait été mieux qu'elle commença par s'acquitter de ce qu'elle doit au Sénégal avant de lui verser une obole sous le nom pompeux d'aide publique au développement.

Les relations militaires franco-sénégalaises ont aussi un versant économique, moins connu, moins exposé. En effet, d'après le rapport annuel que le ministère des Armées fait annuellement au Parlement sur les exportations d'armement de la France[131], de 2010 à 2018, le Sénégal a passé commande auprès de la France des matériels militaires d'une valeur totale de 146,2 millions d'euros, soit 96 milliards de francs (tableau 5.1). Cela représente près de 11% des commandes effectuées durant la même période par les pays africains au sud du Sahara.

[131] Rapport au Parlement 2019 sur les exportations d'armement de la France. juin 2019. Ministère des Armées. Saisi à partir de : https://www.vie-publique.fr/rapport/126860-rapport-au-parlement-2019-sur-les-exportations-darmement-de-la-france

Tableau 5.1 : Commandes militaires sénégalaises auprès de la France de 2010 à 2018 et celles des pays d'Afrique subsaharienne (en millions d'euros)

Pays / région	2010	2011	2012	2013	2014	2015	2016	2017	2018	TOTAL
Sénégal	2,1	35,1	0,1	1,5	0,6	21,9	0,9	8,3	75,7	146,2
Afrique subsaharienne	60,3	111,9	47,4	125,5	55,9	89,6	379,9	296	190,5	1357

Sources : Ministère des Armées, France (2019)

De lucratifs contrats d'armement militaire sont conclus au profit d'entreprises françaises. C'est ainsi qu'en marge de la quatrième édition du séminaire intergouvernemental franco-sénégalais tenu à Dakar le 17 novembre 2017, plusieurs accords ont été signés entre les deux pays notamment celui relatif à l'acquisition, par le Sénégal, de trois nouveaux patrouilleurs auprès du groupe français Kership ainsi que des missiles auprès du groupe européen MBDA basé en France. Les trois patrouilleurs hauturiers OPV 58 coûteraient plusieurs centaines de millions d'euros. Le groupe Arquus, anciennement Renault Trucks Defense, a remporté, en 2017, la fourniture, à l'armée sénégalaise, de 13 blindés PVP et 9 Bastion selon l'édition 2020 du *« Calepin des entreprises internationales de défense »* qui rassemble les principales données de certaines entreprises internationales de l'industrie de Défense.

En retour que reçoit le Sénégal ? Des broutilles comparées aux centaines de milliards de francs CFA engrangées par la France dans cette relation trop déséquilibrée. Un rapide examen de la déclaration conjointe publiée au terme du 4e séminaire intergouvernemental franco-sénégalais donne une idée plus précise des gains du Sénégal. Ils consistent notamment à la mise à disposition de 26 coopérants militaires, la formation des officiers sénégalais au sein de l'école d'application de l'infanterie à Thiès, l'appui aux cours d'application des officiers de la gendarmerie à Ouakam, l'admission (sur concours) de stagiaires au sein des grandes écoles militaires françaises et une place pour un officier supérieur sénégalais à la Session 2020-2021 de l'École de Guerre. Il ne faut pas surtout omettre, au titre des acquis (il faut en rire ou en pleurer ?), la restitution du sabre attribué à El Hadj Omar Tall, rapporté en France par le général Louis Archinard après la campagne militaire de Bandiagara, en avril 1893. Cette restitution a été faite, en marge du 4e séminaire intergouvernemental franco-sénégalais, par le Premier ministre français Édouard Philippe au Président Macky Sall au cours d'une cérémonie solennelle. Une façon de jouer sur l'affective des Sénégalais et de faciliter l'ouverture du portefeuille national. Ce qui fut une opération réussie pour la France !

Au total, la France utilise des moyens d'intervention diplomatiques, économiques et militaires pour continuer à conforter son emprise sur le Sénégal. L'élite politico-administrative sénégalaise n'est jamais à court d'arguments pour justifier telle décision ou telle autre décision prise en faveur de la France en ravalant son nationalisme. Elle trouve toutes ses décisions fondées et dans l'intérêt du Sénégal. En vérité, au moment de les prendre, elle ne tient en considération que ses propres intérêts en sacrifiant celui du pays tout entier. On a l'impression que son désir de plaire à la France tient à beaucoup à la sauvegarde de petits privilèges personnels aussi égoïstes comme ceux d'avoir facilement le visa de séjour dans ce pays, de se faire soigner dans les hôpitaux français notamment au moyen d'évacuations sanitaires (payées par le peuple sénégalais), de réaliser ses bilans de santé et de suivis médicaux annuels dans les cliniques françaises, d'envoyer sa progéniture étudier en France, etc. Elle est loin d'imaginer le fossé abyssal qui s'est creusé entre le peuple, qu'elle est censée représenter, et elle-même. Elle n'entend pas la frustration du peuple face à ces rapports trop inégaux entre deux pays souverains. Cette situation fait le terreau fertile de la création de mouvements citoyens et universitaires qui refusent, à juste raison, le maintien d'un système qui leur fait retourner à l'époque coloniale après 60 ans d'indépendance factice.

Chapitre 8

Sort réservé aux dirigeants manifestant des velléités d'indépendance : l'exemple de la chute de Mamadou Dia

Dans le but de réaliser une transition, tranquille et contrôlée, de ses colonies vers l'indépendance, la France adopte la Loi n°56-619 du 23 juin 1956 fixant les mesures propres à assurer l'évolution des territoires relevant du ministère de la France d'outre-mer, plus connue sous le nom de la Loi-cadre. Celle-ci prévoit la mise en place, dans chaque colonie, d'un Conseil de gouvernement élu au suffrage universel. Mamadou Dia et son parti, le Bloc populaire sénégalais (BPS), sortent largement vainqueurs des élections territoriales tenues le 31 mars 1957. Ce qui fait de lui le Vice-président du Conseil de gouvernement du Sénégal (le Gouverneur et Chef de territoire en est le président de droit) et Chef du gouvernement territorial autonome.

Le 4 avril 1960, le Président Mamadou Dia signe avec le Premier ministre de la Ve République française, Michel Debré, les accords de transfert de souveraineté consacrant l'indépendance du Sénégal. Le pays adopte un régime parlementaire bicéphale et Mamadou Dia est reconduit dans ses fonctions de Président du Conseil, *« véritable chef de l'appareil étatique qui a sous son contrôle tous les leviers de commande »*[132] d'après le magistrat et homme politique sénégalais Ousmane Camara dans ses mémoires.

L'enseignant — chercheur en histoire et spécialiste de l'Afrique de l'Ouest et du Maghreb, le Professeur Maâti Monjib, décrit le Président Mamadou Dia sous les traits d'un homme connu pour son franc-parler, austère, nationaliste et volontariste

[132] Camara Ousmane (2010). Mémoires d'un juge africain. Itinéraire d'un homme libre, Paris, Karthala - Crepos, p. 135

qui est *« idéaliste sur le plan de l'éthique personnelle, adepte du réalisme politique, profondément attaché à la morale religieuse, laïc au plan politique, musulman ardent, fasciné par le christianisme social militant et offensé par l'affairisme et la vénalité de certains marabouts »*[133].

L'arrestation du Président Mamadou Dia, le lundi 17 décembre 1962, est le résultat d'un processus mûrement planifié pour neutraliser une personne cataloguée comme un empêcheur de tourner en rond, voire comme une menace aux intérêts de la France au Sénégal. Ce processus a été enclenché bien avant décembre 1962 en réaction aux décisions nationalistes et à l'indépendance qui caractérisaient la gouvernance du Président Mamadou Dia.

Dans une entrevue[134] réalisée par Thomas Perrot et Étienne Smith, Roland Colin, qui fût son Directeur de cabinet au moment des évènements survenus en 1962 et non moins ami du Président Léopold S. Senghor, donc un témoin privilégié, indique que trois forces s'étaient coalisées pour comploter en vue de provoquer la chute de celui qu'elles percevaient comme étant hostile à leurs intérêts :

1) une frange des milieux économiques, plus exactement, la chambre de commerce de Dakar avec à sa tête son président Henry Charles Gallenca. Elles étaient soutenues financièrement par le groupe Unilever et les « huiliers » ;
2) les marabouts, en particulier ceux qui étaient identifiés comme les seigneurs de l'arachide avec l'aide et la complicité de certains traitants qui étaient leurs *« talibés »* ;

---

[133] Monjib Maâti (2005). Mamadou Dia et les relations franco-sénégalaises (1957-1962). In: Horizons Maghrébins - Le droit à la mémoire, N°53, 2005. L'Afrique à voix multiples. p. 40-53

[134] Colin Roland, Thomas Perrot et Étienne Smith (2010). « Alors, tu ne m'embrasses plus Léopold ? ». Mamadou Dia et Léopold S. Senghor. Afrique contemporaine, 2010/1 n° 233, p. 111 – 132

3) le personnel politique qui était aux ordres des milieux économiques et des marabouts.

Avant de revenir sur les causes et les acteurs des évènements de décembre 1962, il est important de rappeler deux autres évènements, parmi tant d'autres, qui avaient eu une influence sur le processus ayant abouti à l'arrestation du Président Mamadou Dia. Ces évènements ont concerné la remise en cause d'intérêts français. Il s'agit des tensions nées de la décision de transférer la capitale du Sénégal de Saint-Louis à Dakar et de la tentative de création d'une fédération regroupant le Sénégal, le Soudan, la Haute— Volta et le Dahomey.

8.1 Les tensions nées de la décision de transférer la capitale du Sénégal de Saint-Louis à Dakar

Le 11 juin 1958, le Gouvernement du Président Mamadou Dia décide de transférer la capitale du Sénégal à Dakar, capitale de l'AOF depuis 1902. Outre des considérations géostratégiques, cette décision était motivée par la volonté de contrer les velléités de la France qui voulait faire de Dakar une zone extraterritoriale, c'est-à-dire un espace de souveraineté, en raison de son statut de capitale fédérale de l'AOF. Ce qui revenait, de fait, à son amputation du Sénégal. Le Président Mamadou Dia et son gouvernement trouvaient cela inacceptable et décidèrent, contre l'avis de la France, de faire Dakar la nouvelle capitale du Sénégal.

Cette décision de transfert pouvait sembler suspicieuse et revêtir des relents de règlements de comptes politiques quand on sait, à cette époque, c'était l'opposition qui détenait la majorité des conseillers territoriaux, des conseillers municipaux ainsi que le poste de maire de Saint-Louis. Bien au contraire, selon le Professeur Assane Seck, géographe et plusieurs fois ministre, *« la vraisemblance d'un tel projet de partition résidait dans le fait que Dakar avait déjà connu une sorte de séparation d'avec le reste du Sénégal lorsque fut créée, le 27 novembre 1924, la Circonscription de Dakar et dépendances qui émargeait directement au budget général de la Fédération »*[135]. En fin connaisseur des tenants et aboutissants de cette décision de transfert, le Professeur Assane Seck rend un avis sans appel : *« le gouvernement du Sénégal avait donc de sérieuses raisons de se prononcer rapidement sur cette question et d'agir vite en prenant, en quelque sorte, les devants pour ne pas être pris de court »*[136].

Le transfert de la capitale du Sénégal de Saint-Louis à Dakar va provoquer l'ire de la France comme en témoigne Roland Colin, un acteur-témoin de cet épisode, car c'est lui que le Président Mamadou Dia a chargé de coordonner ce transfert au sein de son cabinet : *« le gouvernement français était très hostile à ce transfert. Le ministre socialiste SFIO, Gérard Jacquet, était d'ailleurs venu au Sénégal pour soutenir les adversaires du projet, ce qui avait donné lieu à des incidents assez vifs à Saint-Louis. »*[137]

Cet épisode est illustratif des stratagèmes que la France utilise contre les personnes identifiées comme étant une menace à ses intérêts : les diaboliser et les combattre en armant certains de leurs concitoyens ainsi qu'en manipulant ceux et celles qui s'opposent à elles. Que n'a-t-on pas entendu sur la décision du Président Mamadou Dia et de son gouvernement de transférer la capitale du Sénégal de Saint-Louis à Dakar ? On l'a présentée comme une décision contre les saint-louisiens pour les mobiliser et les utiliser dans le bras de fer opposant la France et le Président Mamadou Dia. La France a aussi instrumentalisé les membres de la classe politique d'origine saint-louisienne ainsi que les métis, les Libano-Syriens, les Marocains et autres africains ayant fait souche à Saint-Louis qui ont eu peur que le transfert de la capitale ne leur enlève un privilège non négligeable : la citoyenneté française. En effet, les habitants des quatre communes de plein exercice dont

[135] Seck Assane (2005). Sénégal, émergence d'une démocratie moderne (1945-2005) : Un itinéraire politique. Khartala, p. 231

[136] *Ibid.* p. 132

[137] Colin Roland, Thomas Perrot et Étienne Smith (2010). *Op. cit.*

Saint-Louis fait partie (avec Dakar, Gorée et Rufisque) étaient considérés comme des citoyens français.

Aujourd'hui, avec le recul ainsi que l'éclairage apporté par certains témoins clés, il est établi que la sauvegarde de l'intégrité territoriale du Sénégal était la principale motivation du Président Mamadou Dia et de son gouvernement. Que serait-il devenu le Sénégal, en accédant à l'indépendance en 1960, sans la presqu'île du Cap-Vert (Dakar et ses dépendances) si cette dernière était érigée en une entité autonome abritant la capitale de l'AOF ? Répondre correctement et lucidement à cette question reviendrait à reconnaître la vision et le courage du Président Mamadou Dia.

8.2 La tentative de création d'une fédération regroupant le Sénégal, le Soudan, la Haute— Volta et le Dahomey

Étant un ardent panafricaniste, le Président Mamadou Dia va utiliser sa fonction et les moyens dont il disposait pour favoriser la création d'un État fédéral indépendant regroupant, outre le Sénégal, le Soudan (actuel Mali), la Haute— Volta (actuel Burkina Faso) et le Dahomey (actuel Bénin).

Le Professeur Maâti Monjib[138] donne une idée plus précise sur la forme et les modalités des actions visant à faire capoter ce projet de fédération porté, à bout de bras, par le Président Mamadou Dia. Il se fonde sur le contenu d'un rapport confidentiel en date du 15 mai 1959 à l'intention de ses supérieurs du Quai d'Orsay rédigé par le Conseiller diplomatique français près le Haut-Commissariat Général à Dakar répondant au nom d'Albert Chambon[139]. Ce dernier confirme et déplore le *« désir de retour au statu quo ante »* de certains cercles français, c'est-à-dire le retour à une situation de mainmise totale de la France sur ses ex-colonies. Pour réaliser leurs desseins, ces cercles français favorables au statu quo ante s'appuient sur des Sénégalais *« les plus rétrogrades et les plus*

---

[138] Monjib Maâti (2005). *Op. cit.*

[139] Rapport rédigé, le 15 mai 1959, par Albert Chambon à l'intention de ses supérieurs du Quai d'Orsay: Vol. 9, sous-série AOF 1-2, 1953-1959, Archives diplomatiques du Quai d'Orsay.

vénaux » (Chambon cité par Monjib[140]). Selon le diplomate français, les actions menées contre le Président Mamadou Dia, pour torpiller le projet de fédération avec le Soudan, la Haute—Volta et le Dahomey, consistaient notamment à distribuer, *« utilement »*, quelques millions de francs CFA aux opposants de sa politique qui n'entretenaient aucun mystère sur leur désir de le faire tomber. Ces cercles français s'appuyaient, également, sur de *« grands marabouts comme Ibrahima Niasse et Cheikh Tidiane Sy »* identifiés comme lui étant hostiles. D'après Chambon cité par Monjib, le Service psychologique de l'Armée française n'était pas en reste. Il a été mobilisé pour faire la *« manipulation d'éléments de la gauche radicale tels que Assane Seck et Abdoulaye Ly sans que ces derniers s'en rendent compte »*[141].

Toutes ces actions de destruction souterraine portent la marque de fabrique de Jacques Foccart, alors conseiller aux affaires africaines auprès du Premier ministre français, Michel Debré. Selon le Professeur Maâti Monjib[142], Foccart et Debré étaient hostiles au projet de création d'une fédération porté par le Président Mamadou Dia. En effet, le référendum tenu le 28 septembre 1958 a permis à treize colonies sur quatorze de dire *« Oui »* (seule la Guinée avait dit *« Non »*) au projet de Constitution qui consacre la Communauté dont l'objet est, officiellement, de permettre aux colonies françaises de jouir d'une autonomie et de gérer librement leurs affaires. En réalité, *« l'enjeu prioritaire est le maintien des liens avec Paris, par-delà les successions, les transitions et les révolutions »*[143]. Jacques Foccart assure le Secrétariat de la Communauté et fait tout pour que les colonies demeurent dans le giron français en torpillant toute

---

140 Monjib Maâti (2005). *Op. cit.*

141 *Ibid.*

142 *Ibid.*

143 Forcade Olivier (2017). Jacques Foccart, une vie politique. Dans (Eds). Jean-Pierre Bat, Olivier Forcade et Sylvain Mary (dir.). Jacques Focart : archives ouvertes (1958 – 1974). La politique, l'Afrique et le monde. Presses de l'université Paris-Sorbonne, p. 13

velléité indépendantiste et/ou fédéraliste. Pour cela, il compte sur des relais comme le capitaine Maurice Robert, *« alors chef de poste du Service de documentation extérieure et de contre-espionnage (SDECE) à Dakar depuis 1955 »*[144]selon Jean-Pierre Bat. Pour cet auteur, les liens entre Jacques Foccart et Maurice Robert se sont resserrés à partir de mai 1958. Maurice Robert était devenu l'informateur privilégié de Jacques Foccart sur la situation en AOF, ceci en marge de toute sa hiérarchie du SDECE. C'est ainsi qu'il a été très activement impliqué dans des missions secrètes visant à faire triompher le « Oui » au referendum du 28 septembre 1958. Ce qui lui a valu, plus tard, d'être chargé de la création d'un secteur Afrique (secteur N) au sein du SDECE, puis nommé Ambassadeur de la France au Gabon avant d'être désigné responsable du service Afrique au sein de la compagnie pétrolière ELF.

8.3 Le « coup d'État » de 1962

Pour mieux cerner les enjeux qui ont entouré la crise de 1962, il est utile de rappeler le contexte qui a servi de toile de fond au complot ayant conduit à l'arrestation du Président Mamadou Dia.

8.3.1 Rappel du contexte

L'arachide, originaire du Mexique et du Brésil, est introduite au Sénégal par la colonisation française. Sa production s'est faite au détriment des cultures vivrières et s'est imposée aux paysans sénégalais dès lors que le caractère commercialisable du produit leur permettait de se procurer l'argent nécessaire au paiement de l'impôt et de leurs dettes envers les traitants, selon Le Garrec[145]. La culture arachidière a pris un fulgurant essor à partir à partir de

[144] Bat Jean-Pierre (2017). Foccart face à ses sources. Dans (Eds). Bat Jean-Pierre, Olivier Forcade et Sylvain Mary (dir.). Jacques Focart : archives ouvertes (1958 – 1974). La politique, l'Afrique et le monde. Presses de l'université Paris-Sorbonne, p. 32

[145] Le Garrec Evelyne (1979). De l'agriculture coloniale à l'impérialisme alimentaire. La grande bataille des oléagineux. Le Monde diplomatique, février 1979, p. 16-17

1885 avec la construction de la ligne de chemin de fer et des ports de Dakar, Rufisque et Kaolack selon ce même auteur[146].

Le développement de la culture arachidière a favorisé l'implantation d'huileries et d'activités industrielles qui lui sont connexes comme les savonneries. Selon Jean Suret-Canale, *« la pratique du décorticage sur place, inaugurée pendant la Première Guerre mondiale, conduisit naturellement à la création d'huileries, d'abord uniquement destinées à pourvoir aux besoins locaux »*[147] avant de commencer à servir le marché de la métropole. Le professeur Babacar Fall précise qu'entre 1948 et 1951, *« les huileries et savonneries forment le cœur du tissu industriel. Elles ont été créées soit à Dakar pour des facilités d'exportation (Usine Petersen et Huilerie Lesieur installées respectivement en 1932 et en 1943), soit dans la proximité des grands centres de production de l'arachide, à Diourbel, Kaolack, Louga et Ziguinchor »*[148].

La composition des conseils d'administration de ces entités industrielles dont les activités principales s'articulent autour de la production arachidière renseigne sur leur pouvoir d'influence. Ainsi, par exemple, concernant l'huilerie Lesieur-Afrique implantée au Sénégal en 1943, son conseil d'administration était composé, outre les membres de la famille Lesieur, par les responsables des plus grandes sociétés coloniales telles que la société commerciale de l'Ouest africain (SCOA) et la société commerciale des ports africains (SOCOPAO).

En définitive, comme l'affirme Evelyne Le Garrec, *« au moment de l'accession à l'indépendance, en 1960, les Sénégalais ont hérité de la situation coloniale, qui se caractérisait par une*

---

[146] *Ibid.*

[147] Suret-Canale Jean (1950). L'industrie des oléagineux en A.O.F. Cahiers d'outre-mer, N° 11- 3e année, Juillet-septembre 1950, p. 280-288; doi : https://doi.org/10.3406/caoum.1950.1691

[148] Fall Babacar (2011). Le Travail au Sénégal au xxe siècle. Éditions Karthala, p. 158-159

occupation de 50 % des sols par l'arachide, dont la culture était toujours poussée de plus en plus loin vers les terres les plus pauvres »[149].

Pour peu qu'on soit sensible au malheureux sort des paysans, producteurs d'arachide, il y avait amplement de la matière pour justifier l'amorce de ruptures afin de mettre fin à l'exploitation dont ils faisaient l'objet. Robert Julienne, Inspecteur général des finances et un des principaux acteurs de la mise en place des institutions monétaires ouest-africaines entre 1955 à 1975, décrit parfaitement la situation qui prévalait avant que le Président Mamadou Dia n'engage la réforme de la filière arachidière : *« parmi les conséquences de cette économie de traite, la plus regrettable était sans doute la structure commerciale qu'elle avait engendrée et l'état de dépendance qui en résultait pour le producteur. Cette structure se caractérisait par la prolifération des intermédiaires (traitants, sous-traitants, rabatteurs, revendeurs) de nationalités diverses (Européens, Africains et surtout Libano-syriens), l'extrême diffusion des réseaux de collecte et de distribution, l'emploi de pratiques douteuses. »*[150]. Il ajoute *« d'après une enquête faite dans le Sine-Saloum pour la campagne 1952 – 1953, 93% des producteurs d'arachides y étaient endettés vis-à-vis des traitants et dépendaient donc d'eux pour leur consommation ou l'écoulement de leur récolte »*[151].

Dans ce contexte, la lutte contre l'économie de traite s'érigeait en priorité absolue et constituait le point nodal du premier plan quadriennal de développement 1961 – 1964 adopté le 8 mai 1961. Pour Laville et Belloncle, l'économie de traite constituait un frein au développement économique du Sénégal et *« sa cellule-clef demeure l'entreprise d'import-export qui achète son arachide au paysan sénégalais et lui revend des produits fabriqués en*

---

[149] Le Garrec Evelyne (1979). *Op. cit.*

[150] Julienne Robert (1988). Vingt ans d'institutions monétaires ouest-africaines, 1955-1975: mémoires. Éditions L'Harmattan, p. 31

[151] *Ibid.*, p. 32

France »[152]. Ce qui crée, selon ces auteurs, une double dépendance de l'économie sénégalaise à l'aube des indépendances : d'une part, l'arachide compte pour 85% des exportations et représente 1/5 du produit intérieur brut et, d'autre part, les produits importés (riz, mil, lait, etc.) constituent 80 à 90% des achats des paysans.

Le Président Mamadou Dia avait très tôt compris les effets pervers d'un tel système, dominé et contrôlé par des oligarchies, qui compromettait tout développement lorsqu'il écrivait que *« par le mécanisme de cette double dépendance, le capitalisme extérieur, mercantiliste, demeure... le vrai maître du jeu et le gagnant à tous les coups »*[153]. Mettre fin à l'économie de traite revient, pour le Président Mamadou Dia, à *« éliminer la dépendance des paysans à l'égard des commerçants intermédiaires afin qu'ils se regroupent pour accéder aux intrants de production et organisent collectivement la vente de leurs cultures »*[154].

C'est ainsi qu'il a pris le taureau par les cornes en procédant à une double réforme dans le secteur arachidier : une réforme du cadre juridique à travers l'adoption du Décret n° 60-177 du 20 mai 1960 portant statut de la coopération rurale au Sénégal, lequel définit notamment l'objet des organismes coopératifs et pré-coopératifs agricoles ainsi que les conditions de leur agrément et leur contrôle ; une réforme du cadre institutionnel à travers la mise en place de différentes structures publiques dont l'objet est d'encadrer et appuyer le mouvement coopératif : l'Office de Commercialisation Agricole (OCA), les Centres Régionaux

[152] Laville Philippe et Guy Belloncle (1962). Les coopératives et le développement au Sénégal. Revue Archives Internationales de Sociologie de la Coopération, No 12, p. 65-79

[153] Dia Mamadou (1960). Nations Africaines et solidarité mondiale. Presses universitaires de France (PUF), Paris, p. 111

[154] Gagné Marie, Ginette Carré et Mor Fall (2008). Le mouvement coopératif au Sénégal. Comprendre les enjeux de son développement. Société de coopération pour le développement international (SOCODEVI), juin 2008

d'Assistance pour le Développement (CRAD), les Centres d'expansion rurale polyvalents (CERP), la Banque Sénégalaise de Développement (BSD), etc.

À travers ces décisions courageuses, le Président Mamadou Dia faisait preuve de cohérence et de constance en restant fidèle aux thèses qu'il avait toujours défendues au plan économique : seul le socialisme coopératif, à travers la mise en place coopératives agricoles appelées à évoluer en coopératives multisectorielles, est à même d'aider le Sénégal à s'affranchir de la dépendance et de se libérer du lourd fardeau économique et social hérité de la colonisation. Il semble utile, à cet égard, de reproduire, ci-après, un extrait fort instructif qui renseigne sur la nécessité, la cohérence et la pertinence de telles mesures théorisées, bien avant son accession au pouvoir par le Président Mamadou Dia, en 1957 :

« Dans une Afrique, au plus de trois quarts paysanne, ce ne sont pas les secteurs de modernisation rurale (...) qui apporteront des solutions radicales aux déséquilibres (...). Se contenter de demi-mesures en fermant les yeux sur ce problème, c'est aller au-devant de complications certaines dont il est possible de faire l'économie pour peu qu'on veuille faire à l'anticipation la large part qui lui revient. Il convient, en outre, de comprendre que toute planification agricole en Afrique doit comporter un plan non moins audacieux de développement coopératif. »[155]

Se fondant sur les résultats de recherches scientifiques démontrant que les formes d'organisation collective des exploitations agricoles favorisent plus rapidement la diffusion des techniques et l'utilisation des moyens de production modernes, le Président Mamadou Dia ajoute :

« Ce sera par l'intermédiaire des coopératives d'outillage et de traitement mécanique que devra s'effectuer la motorisation de l'agriculture qui en même temps qu'elle accroîtra le rendement du paysan africain, le libérera des servitudes qui ne sont plus de

---

[155] Dia Mamadou (1957). Proposition pour l'Afrique Noire. Éditions Présence africaine, 1957/2 N° XIII, p. 41 - 57

mise au XXe siècle. Ce sera par le canal des coopératives de production que nos paysans se familiariseront avec les techniques modernes de culture, l'utilisation des engrais, les formules nouvelles de fumures, les procédés de conservation et d'amélioration des sols. »[156]

Il ajoute, pour conclure, que

« Ce sera, enfin, grâce aux coopératives de crédit que la lutte contre l'endettement sera entreprise avec des chances de succès et que, par-delà celle-ci, prendra racine un véritable esprit d'épargne susceptible d'être le point de départ d'un processus de formation de capital local »[157].

Bien évidemment, à travers la concrétisation d'une telle vision inspirée par le socialisme autogestionnaire, le Président Mamadou Dia visait à « *libérer les producteurs des pratiques usuraires et de la tutelle léonine des traitants et de leurs maîtres, les grands groupes contrôlant le marché des oléagineux* »[158]. De telles mesures remettaient en cause les intérêts de l'oligarchie de la culture arachidière composée principalement des responsables des huileries, des marabouts qui étaient les plus gros producteurs d'arachide et des politiciens corrompus à la solde des « huiliers » et des marabouts.

Au-delà de la réforme initiée dans la filière arachidière, le Président Mamadou Dia avait aussi ouvert d'autres chantiers de transformation de l'économie sénégalaise et dans les relations entre le Sénégal et la France. Convaincu qu'une indépendance politique ne servait à rien sans une souveraineté économique, il avait joué un rôle actif et engagé dans l'ouverture, en 1961, de négociations sur les accords monétaires entre la France et ses

[156] Dia Mamadou (1957). *Op. cit.*

[157] Dia Mamadou (1957). *Op. cit.*

[158] Sy Seydou Madani (2009). Les Régimes politiques sénégalais, de l'indépendance à l'alternance politique : 1960-2008, Yaoundé-Paris, Iroko – Khartala – Crepos, p. 32

anciennes colonies de l'Afrique de l'Ouest devenues indépendantes. Ces négociations, du reste tendues, aboutissaient, le 12 mai 1962, à la signature des accords de coopération monétaire, dits *« accords de Matignon »*, qui se substituaient aux accords bilatéraux de coopération monétaire conclus au lendemain des indépendances. Elles permettaient, également, aux États ouest-africains de porter sur les fonts baptismaux l'Union monétaire des États de l'Afrique de l'Ouest (UMOA). Selon Monjib[159], le Président Mamadou Dia, avait pris aussi l'initiative, courant 1962, de renégocier la réduction graduelle de l'assistance technique française, tant civile que militaire, dans le but de réduire l'influence française dans les affaires du pays.

Au total, le contexte dans lequel la crise de décembre 1962 a eu lieu était celui d'une époque charnière dans l'histoire du Sénégal. Une époque marquée par des initiatives innovantes et audacieuses qui rompaient avec ce que le pays avait connu jusqu'ici. Toutes ces initiatives étaient reliées au même fil conducteur : la volonté de mettre le Sénégal sur les rails menant à la sortie du sous-développement et, subséquemment, venir à bout de la pauvreté dans laquelle croupissait une grande partie de la population, majoritairement paysanne. Les nombreuses réformes dont elles avaient pu donner lieu témoignaient, à l'évidence, du caractère nationaliste et volontariste du Président Mamadou Dia. Elles avaient aussi facilité l'établissement de ponts entre différents segments de la société qui sentaient leurs intérêts menacés.

8.3.2 La réforme des chambres consulaires : la goutte qui a fait déborder le vase

La levée de boucliers des ennemis du Président Mamadou Dia est intervenue suite à l'une de ses dernières initiatives législatives qui visait *« entre autres objectifs, à contrecarrer l'influence exorbitante de la bourgeoisie conservatrice européenne sur la vie politique nationale»*[160]selon le professeur Monjib Maâti. D'après

[159] Monjib Maâti (2005). *Op. cit.*

[160] Monjib Maâti (2005). *Op. cit.*

cet auteur, le Président Mamadou Dia avait préparé et déposé sur le bureau de l'Assemblée nationale un projet de loi visant la création de nouvelles chambres de commerce qui seraient élargies à l'industrie, à l'artisanat et à l'économie rurale. *« Le projet destiné à sénégaliser, sans le dire, ces institutions économiques politiquement influentes, est décrié par les services de l'ambassade de France comme discriminatoire à l'encontre de la représentation des intérêts français au Sénégal »*[161]. Ne s'arrêtant pas en si bon chemin, le Président Mamadou Dia s'efforça également, selon cet auteur, de favoriser les commerçants et artisans nationaux en s'adressant à eux pour ses achats d'équipements publics. C'est ce cocktail explosif qui a mis le feu aux poudres et amené les tenants des intérêts français à déclencher le compte à rebours devant mener à sa chute.

C'est ainsi que le 14 décembre 1962, une motion de censure contre le Gouvernement du Président Mamadou Dia était déposée sur le bureau du Président de l'Assemblée nationale. Cette motion de censure initiée par les députés Magatte Lô et Théophile James avait recueilli les signatures de 41 députés sur les 80 que comptait l'institution parlementaire. Le jour de l'examen de la motion de censure, soit le 17 décembre 1962, le Président Mamadou Dia ordonna l'évacuation de l'Assemblée nationale ainsi que l'arrestation puis l'assignation à résidence de quatre députés (Ousmane NGom, Magatte Lô, Abdoulaye Fofana et Moustapha Cissé) au motif que, face à l'impasse, le Bureau politique de leur parti avait pris, la veille (le 16 décembre 1962) au terme d'une réunion infructueuse, la décision de faire trancher la question de la validité de la motion de censure par le Conseil national du parti convoqué pour le 20 décembre 1962. Ce qui n'avait pas empêché, quelques heures après, le vote de la motion de censure par 47 députés réunis au domicile du Président de l'Assemblée nationale, Me Lamine Gueye. Ce qui, en principe (dans une situation normale), impliquait la démission collective du gouvernement du Président Mamadou Dia. Ce dernier, qui n'accorda aucune once

---

[161] *Ibid.*

de légalité à la motion de censure votée, refusa d'obtempérer et continua de poser des actes en sa qualité de Président du Conseil.

Il n'en aurait pas fallu plus pour qu'il fût accusé de *« coup d'État »* et mis aux arrêts le 18 décembre 1962 après plusieurs heures de tension extrême où les partisans des deux camps s'étaient regardés en chiens de faïence. Le Président Mamadou Dia fut traduit devant la Haute Cour de justice. L'acte d'accusation portait sur trois éléments essentiels : *« a) atteinte à la sûreté de l'État ; b) arrestations arbitraires ; c) réquisition de la force publique pour s'opposer à l'exécution des lois et des dispositions légales »*[162].

Finalement, le Président Mamadou Dia était condamné, le 11 mai 1963, à la détention à perpétuité, ceci contrairement aux réquisitions du procureur. En effet, dans son réquisitoire, le Procureur général disait qu'il est *« intimement convaincu que Mamadou Dia n'a ni préparé ni perpétré un coup d'État, mais conscient qu'il a utilisé des moyens illégaux pour une cause juste à ses yeux, requiert qu'il plaise à la Cour retenir les fautes commises par l'accusé, mais en lui faisant bénéficier des circonstances atténuantes les plus larges »*[163].

La sévérité du verdict trouve son explication dans la composition de la Haute Cour de justice. Ce qui fait dire à Ousmane Camara *« je sais que la Haute Cour de justice, par essence et par sa composition, a déjà prononcé la sentence avant même l'ouverture du procès. La participation de magistrats que sont le Président, le juge d'instruction et le Procureur général, ne sert qu'à couvrir du manteau de la légalité une exécution sommaire déjà programmée »*[164].

En effet, en dehors des trois magistrats professionnels, les autres membres de la Haute Cour de justice étaient tous des

---

[162] Sy Seydou Madani (2009). *Op. cit.*, p. 40

[163] Camara Ousmane (2010). *Op. cit.*, p. 133 – 134

[164] *Ibid.*, p. 122

députés de l'Assemblée nationale (six titulaires et autant de suppléants) et certains parmi eux avaient été de farouches partisans et/ou instigateurs de la motion de censure comme, par exemple, Théophile James. Ils ont été, à la fois, juges et partie. Ce qui est révélateur du caractère, tout au moins, inique et partial de ce procès.

Le Président Mamadou Dia est gracié et libéré en mars 1974 après une intermédiation de Roland Colin à la demande de Senghor *« pour rechercher un dénouement de ce drame »*[165] avant d'être amnistié en avril 1976.

8.4 La France et sa bourgeoisie locale tiraient les ficelles du drame

Il n'y a aucun doute que la France, à travers notamment ses services secrets, ses assistants techniques et son armée ainsi que sa bourgeoisie locale composée essentiellement de gros négociants et employeurs, avait joué un rôle important dans la préparation et l'exécution du complot ayant liquidé le Président Mamadou Dia. Les politiciens et marabouts sénégalais impliqués dans ce complot n'ont été que de simples nègres de service pour que le crime soit parfait.

Analysant la déroute du Président Mamadou Dia lors de l'affrontement décisif du 17 décembre 1962, après *« des escarmouches, des pièges tendus çà et là, des trêves vites oubliées »*[166], Ousmane Camara montre comment Senghor a pu jouer de la ruse et exploiter judicieusement les points faibles de son adversaire, mais surtout se reposer sur une garde rapprochée composée notamment de fonctionnaires français comme, par exemple, Michel Aurillac, juriste, Conseiller d'État en France. Selon lui, le choix de la période de déclenchement des hostilités n'était pas fortuit : il a profité *« de l'absence des principaux conseillers de Mamadou Dia que sont : Jean Collin, secrétaire*

---

[165] Colin Roland, Thomas Perrot et Étienne Smith (2010). *Op. cit.*

[166] Camara Ousmane (2010). *Op. cit.*, p. 136

général du gouvernement, parti curieusement en congé, Roland Colin, hospitalisé en France pour déclencher par Magatte Lô l'attaque frontale par le dépôt, le 14 décembre, de la motion de censure. Mamadou Dia surpris, inorganisé, utilise comme moyen de défense l'improvisation, le tâtonnement, l'énervement »[167].

L'absence de Jean Collin au moment des faits, *« parti curieusement en congé »*[168] comme le souligne Ousmane Camara, est intriguant, voire suspect eu égard, d'une part, à l'importance de ses fonctions (Secrétaire général du gouvernement) et, d'autre part, ses relations particulières avec les deux principaux protagonistes. Le professeur Saliou Mbaye, Archiviste-paléographe, historien et ancien Directeur des Archives du Sénégal relève, avec pertinence, la curieuse coïncidence entre la période d'influence de Jean Collin auprès des Présidents Senghor et Abdou Diouf (1960 – 1990) et celle que Jacques Foccart a eue sur les relations franco-africaines. Ce pan de la politique sénégalaise *« reste encore largement à écrire, avec sa part d'ombre et d'inaccessibilité »*[169]. En effet, en dépit du fait qu'il a toujours *« soigneusement évité d'apparaître en pleine lumière, jusque dans les archives, même si, finalement, il n'y parvient pas (...) Collin apparaît cependant, à travers les traces collectées à son sujet, comme le révélateur d'une séquence historique qui commence avec l'indépendance, en puisant ses racines dans la colonisation »*[170].

Dans ses Mémoires, le Président Abdou Diouf, reconnaît, implicitement, la duplicité de Jean Collin et son caractère trouble lorsqu'il écrit *« ma collaboration étroite avec Collin se poursuivit*

---

167 *Ibid.*

168 *Ibid.*

169 Mbaye Saliou (2017). Ouvrir les archives de la Françafrique. Dans (Eds). Bat Jean-Pierre, Olivier Forcade et Sylvain Mary (dir.). Jacques Focart : archives ouvertes (1958 – 1974). La politique, l'Afrique et le monde. Presses de l'université Paris-Sorbonne, p. 371

170 *Ibid.*

sans heurt jusqu'au jour où je remarquai chez lui de grands changements. Soudain, il se mit à voyager sans cesse. Les tentatives d'explication de ces voyages allaient bon train. Certains évoquaient des problèmes de santé, alors que d'autres parlaient carrément d'espionnage. (...) En 1986, je rencontrai une haute personnalité politique française, qui me brossa un tableau sombre des activités de Collin à l'occasion de ses fréquents voyages. (...) en 1987, je reçus à déjeuner le Président Senghor, qui me demanda, à son tour, avec les mêmes arguments, de faire partir Jean Collin »[171].

Le rôle obscur joué par Jean Collin dans les évènements de 1962, bien que physiquement absent, est mis en exergue, sur un ton affirmatif, par Roland Colin (Directeur de Cabinet du Président Mamadou Dia au moment des faits) lorsqu'il répond à la question *« on suppose qu'il y eut des personnages sulfureux qui ont forcé l'histoire dans cette mise en scène de coup d'État et dans ce bras de fer tragique... ? »*[172]. Il dit : *« Il y a eu des personnages un peu troubles en effet, y compris ce fameux homonyme Jean Collin qui a joué un rôle extraordinairement contestable et nocif, notamment comme ministre de l'Intérieur, dans la période où Dia a été mis brutalement à l'écart. Il faudrait faire des thèses sur Jean Collin, parce qu'il a été l'un des protagonistes de cette histoire et de ce qui s'ensuivit. Il a joué par rapport à Senghor, puis par rapport à Abdou Diouf par la suite, un rôle vraiment néfaste »*[173]. Que faudrait-il de plus pour comprendre que Jean Collin, en tant que *« protagoniste »*[174] de la crise de 1962, aurait été un pion central de la Françafrique dans la liquidation du Président Mamadou Dia ? Tout laisse penser que son départ en congé, avant le déclenchement des hostilités par le camp des partisans de Senghor, n'était qu'une façon de se mettre à l'abri

---

171 Diouf Abdou (2014). Mémoires. Éditions du Seuil, p. 290

172 Colin Roland, Thomas Perrot et Étienne Smith (2010). *Op. cit.*

173 *Ibid.*

174 *Ibid.*

après avoir participé au complot et, certainement, fourni à Senghor des informations déterminantes sur le Président Mamadou Dia qui lui ont permis de prendre le dessus. En effet, si le Président Mamadou Dia n'était pas pris au dépourvu et/ou s'il n'avait pas fait preuve de trop de scrupules, il aurait pu renverser la vapeur, car c'est lui qui avait, sous son autorité directe, les forces de police, de la gendarmerie et des armées. Ce cas échéant, alors, le masque de Jean Collin serait tombé !

Au-delà des intrigues de palais, les troupes de l'armée française stationnées à Dakar ont été effectivement impliquées dans la crise intervenue en décembre 1962 comme le rapporte le Professeur et ancien officier parachutiste Pierre Dabezies lorsqu'il écrit *« accusé d'avoir tenté un coup d'État, ce dernier (Mamadou Dia) est arrêté et emprisonné, les troupes françaises assurant, en cette circonstance, le maintien de l'ordre aux côtés des forces nationales »*[175]. Cela constitue une violation délibérée des accords de défense conclus le 22 juin 1960 entre la France et son ex-colonie nouvellement indépendante. En effet, ces accords ne contenaient aucune clause prévoyant le maintien de l'ordre par l'armée française en territoire sénégalais. La réquisition qui a été prise pour faire sortir l'armée française de ses casernes et lui faire jouer ce rôle de maintien d'ordre ne pouvait provenir que de Paris. Cela prouve, si besoin est, que la France était partie prenante à la crise et avait pris fait et cause pour son poulain, le Président Senghor.

L'implication directe de la bourgeoise française établie au Sénégal dans la crise de décembre 1962 a un visage et un nom : Henry Charles Gallenca. Il était fondateur et dirigeant de la Compagnie textile de l'Ouest africain (COTOA) et tout puissant Président de la Chambre de Commerce et d'industrie de Dakar, *« administrateur de 16 sociétés au Sénégal et membre du conseil*

[175] Dabezies Pierre (1980). *Respect des souverainetés ou devoir d'intervention ? Le rôle de la France chez ses protégés africains. Le risque de se tromper de cible et de s'exposer au discrédit.* Le Monde diplomatique, Avril 1980, pages 15 et 16

d'administration de 8 sociétés »[176]. Son rôle a été direct, important et déterminant dans la chute du Président Mamadou Dia. En effet, plusieurs sources, toutes concordantes, l'ont désigné comme le marionnettiste qui manipulait des députés sénégalais, principalement les plus vénaux parmi les parlementaires, pour les amener à voter la motion de censure déposée contre le gouvernement du Président Mamadou Dia. Le témoignage de deux personnes, qui ont vécu la crise aux premières loges, est édifiant.

Le premier témoignage vient de Mansour Bouna Ndiaye, ancien Député et ancien Maire de Louga, un des premiers cadres de l'action coopérative du Sénégal. Il indique, dans un ouvrage paru en 1986[177], que pour faire échouer les réformes audacieuses entreprises par le Président Mamadou Dia, la Chambre de commerce de Dakar, sous la pression des responsables des huileries, a débloqué 100 millions de francs CFA destinés à être distribués aux députés disposés à voter la motion de censure déposée contre le gouvernement du Président Mamadou Dia.

Le second témoignage émane d'Amadou Lamine Sakho, ancien Secrétaire particulier du Président Ibrahima Seydou NDaw. Dans une récente contribution, il s'est montré plus précis en écrivant *« des députés corrompus, avec la complicité des autorités de la France coloniale et de leurs suppôts locaux, ont entrepris de faire voter une motion de censure contre son gouvernement. Ces députés rencontraient nuitamment sur la corniche ouest de Dakar, Mr Henry Charles Gallenca, Président*

---

[176] Blum Françoise (2014). Et ce qu'il y eu de commun… Le carcan des accords de coopération. Dans (Eds) Françoise Blum. Révolutions africaines : Congo, Sénégal, Madagascar, années 1960-1970. Presses universitaires de Rennes, p. 42 – 101

[177] NDiaye Mansour Bouna (1986). Panorama politique du Sénégal ou Les mémoires d'un enfant du siècle. Nouvelles Éditions Africaines (NEA) - Dakar - Abidjan – Lomé, 205 pages

de la chambre de commerce de Dakar de l'époque pour y signer ladite motion de censure contre de fortes sommes d'argent »[178].

Outre la corruption avérée de certains parmi eux, les députés initiateurs et/ou partisans de la motion de censure, avaient agi au nom de leurs propres intérêts, personnels et/ou partisans, et au détriment de leurs mandants, parmi lesquels les paysans étaient majoritaires et constituaient les principaux bénéficiaires des réformes entreprises par le Président Mamadou Dia et son gouvernement. Le professeur Seydou Madani Sy, ancien Recteur de l'Université de Dakar, ancien ministre de la Justice et ancien Médiateur de la République donne une idée plus claire sur ce que les initiateurs et partisans de la motion de censure reprochaient au Président Mamadou Dia :

« La motion s'ouvrait sur une déclaration de défiance contre le gouvernement, en déplorant le manque de respect des prérogatives de l'Assemblée. »[179] Il poursuit sa narration en écrivant «*Les auteurs de la motion se plaignent ensuite des entraves au libre exercice des prérogatives parlementaires, ainsi que des menaces articulées à l'encontre de certains membres de l'Assemblée. Ils contestaient l'utilisation faite de la loi sur l'état d'urgence votée au moment de l'éclatement de la Fédération du Mali : elle était, selon la motion, devenue un instrument de répression aveugle contre les citoyens et contre les députés eux-mêmes »*[180].

Un examen du contenu de la motion de censure laisse perplexe et fait penser au caractère fallacieux des arguments avancés par les députés, lesquels contrastaient avec les priorités d'un pays nouvellement indépendant. En effet, tout semble indiquer qu'ils n'avaient pas eu le courage de poser, de façon explicite, le débat

---

[178] Sakho Amadou Lamine (2016). Le Sénégal : un pays particulier. Article publié le 16 Juin 2016 par le quotidien EnQuete+. Saisi à partir de : https://www.enqueteplus.com/content/le-senegal-un-pays-particulier

[179] Sy Seydou Madani (2009). Op. cit., p. 40

[180] Sy Seydou Madani (2009). *Op. cit.*, p. 40

sur les orientations et mesures économiques décidées par le Président Mamadou Dia et son gouvernement. La référence à l'utilisation de l'état d'urgence comme *« instrument de répression aveugle contre les citoyens »* parait racoleuse et visait, vraisemblablement, à revêtir leur forfaiture d'une certaine légitimité, même si par ailleurs, il est notoriété que le Président Mamadou Dia pouvait se montrait répressif.

La vacuité de la motion de censure donne du poids, sinon rend crédibles les informations, non vérifiées, qui circulaient alors relativement aux contentieux qui opposeraient le Président Mamadou Dia aux députés relativement à des abus qu'auraient commis ces derniers.

En effet, le caractère austère du Président Mamadou Dia était de notoriété publique. *« Pour lui, l'austérité — qui s'impose à l'élite d'État — n'est pas une fin en soi mais une nécessité qu'ordonne l'éthique du développement et la rareté des ressources. L'État doit faire preuve d'économie de moyens quant à son train de vie et de modestie dans son protocole et ses manifestations formelles à la société »*[181]. Selon le professeur Babacar Fall, dès l'entrée en fonction du premier gouvernement de l'autonomie interne, en 1957, le Président Mamadou Dia a donné l'exemple en renonçant, volontairement, à certains avantages notamment aux revalorisations de traitements survenues depuis le 1er avril 1956, puis a invité ses ministres de faire de même. Il espérait que *« cet exemple serait suivi par les membres de l'Assemblée territoriale et par les autres catégories sociales pour le bien du peuple sénégalais »*[182]. Au regard de tout cela, on peut facilement comprendre le courroux du Président Mamadou Dia face à l'augmentation de leurs émoluments que les

---

[181] Monjib Maâti (2005). *Op. cit.*

[182] Fall Babacar (2013). Une confrontation d'acteurs de la décolonisation : Mamadou Dia et les syndicats au Sénégal (1956-1962). Dans (Eds) Goerg Odile, Jean-Luc Martineau et Didier Nativel (dir.). Les indépendances en Afrique : L'évènement et ses mémoires (1957/1960-2010). Presses universitaires de Rennes, p. 51 – 71

députés s'étaient permis. Il avait un autre motif d'être très remonté contre les députés : l'affairisme de certains parmi eux. Autant de *« déviations »* qu'il considérait comme étant en porte-à-faux avec la gestion d'un pays nouvellement indépendant en quête de développement. Ces déviations que le Président Mamadou Dia ne cessait de fustiger, ont constitué une pomme de discorde entre lui et certains députés. Ce qui ne faisait que grossir le rang de ses adversaires, potentiels ou réels, au sein de son propre camp politique. Ces adversaires politiques internes, majoritairement encagoulés pour éviter de subir ses foudres, avaient intérêt à le voir chuter pour pouvoir continuer, allègrement, leur œuvre prédatrice.

Enfin, dans ce scénario de mauvais goût, il y a eu le rôle joué par la classe maraboutique sénégalaise qui s'est fait manipuler par des forces tapies dans l'ombre uniquement préoccupées par la sauvegarde d'intérêts bassement égoïstes. En témoin averti, Ousmane Camara (2010) avance deux motifs qui ont été à la base du contentieux ayant opposé les grands chefs religieux au Président Mamadou Dia : les réformes de la filière arachidière et l'intention de mettre sur pied un Conseil supérieur islamique.

S'agissant du premier motif, les chefs religieux, qui occupaient une place prépondérante dans la filière arachidière en qualité de gros producteurs, percevaient les réformes initiées par le Président Mamadou Dia comme attentatoire à leurs intérêts. Ce qui fera dire, plus tard, à l'économiste Sanou Mbaye[183], que les motifs de l'opposition (avec succès) des guides religieux aux réformes agricoles proposées par le Président Mamadou Dia n'avaient rien avec la spiritualité. Ils étaient plutôt dictés par des préoccupations mercantilistes : la défense de leurs propres intérêts à travers la mainmise qu'ils exerçaient sur la culture de l'arachide, principale source de leurs revenus.

---

183 Mbaye Sanou (2012). Décollage africain, marasme sénégalais. Le Monde diplomatique, février 2012. Saisi à partir de : https://www.monde-diplomatique.fr/2012/02/MBAYE/47388

Le second motif du contentieux découlait de l'intention du Président Mamadou d'instaurer au Sénégal un Conseil supérieur islamique *« pour servir d'interface entre le gouvernement et les familles religieuses »*[184]. Selon cet auteur, *« des esprits malveillants ont vu dans cette entreprise l'arrêt de mort des autorités religieuses traditionnelles »*[185]. Thierno Seydou Nourou Tall, par ailleurs convaincu que le Président Mamadou Dia *« voulait le tuer »*[186], était persuadé que celui-ci *« avait l'ambition de placer à la tête de ce conseil supérieur, Ibrahima Seck, Khalife de Thiénaba, localité proche de Khombole, lieu de naissance de Mamadou Dia. Seydou Nourou a pris la tête de ce que l'on pourrait qualifier d'opposition religieuse en est la parfaite illustration. La rumeur a couru qu'au début du mois de novembre 1962, Seydou Nourou Tall aurait organisé à Thiès un conclave d'une trentaine de chefs religieux appartenant à la famille omarienne (...) qui auraient "travaillé » pour précipiter la chute de Dia »*[187].

Au total, cette période sombre de l'histoire contemporaine sénégalaise est résumée par Ousmane Camara lorsqu'il écrit que *« la coalition formée par les maisons de commerce françaises de Marseille et de Bordeaux, de chefs religieux et traditionnels ainsi que d'hommes politiques prêts à toutes les compromissions pour sauver leurs prébendes, a brisé le 17 décembre 1962, le tandem Senghor — Mamadou Dia qui formait jusqu'alors un binôme inséparable. Cela a en même temps détruit toute chance d'un développement harmonieux du Sénégal »*[188].

---

[184] Camara Ousmane (2010). *Op. cit.*, p. 138

[185] *Ibid.*

[186] *Ibid.*

[187] *Ibid.*, p. 138 - 139

[188] *Ibid.*, p. 226

CONCLUSION

En guise de conclusion, on va convoquer les propos tenus, le 5 décembre 2017 à Accra, par le Président ghanéen, Nana Akufo-Addo, alors qu'il recevait le Président français Emmanuel Macron. Ils sont puissants et mettent le doigt sur les responsabilités des dirigeants africains dans la gestion des relations bilatérales, particulièrement avec l'ancien colonisateur :

« Nous devons nous débarrasser de cette mentalité de dépendance qui nous amène à nous demander ce que la France peut faire pour nous. La France fera ce qu'elle a à faire pour son propre bien et si cela coïncide avec nos intérêts, "tant mieux", comme disent les Français. Mais notre principale responsabilité en tant que leaders, citoyens, c'est de réfléchir à ce que nous devons développer pour nos propres pays. »[189]

[189] Anne-Cécile Robert (2019). Diplomatie funambule. Dans « Manière de voir », N° 165, juin-juillet 2019. France-Afrique, domination et émancipation. Le Monde Diplomatique. Saisi à partir de : https://www.monde-diplomatique.fr/mav/165/ROBERT/59917

Remerciements

Je remercie Mustapha Al Bachir d'avoir relu et corrigé le manuscrit en plus de m'avoir fait certaines suggestions utiles.

Table des matières

Structures éditoriales du groupe L'Harmattan

L'Harmattan Italie
Via degli Artisti, 15
10124 Torino
harmattan.italia@gmail.com

L'Harmattan Hongrie
Kossuth l. u. 14-16.
1053 Budapest
harmattan@harmattan.hu

L'Harmattan Sénégal
10 VDN en face Mermoz
BP 45034 Dakar-Fann
senharmattan@gmail.com

L'Harmattan Cameroun
TSINGA/FECAFOOT
BP 11486 Yaoundé
inkoukam@gmail.com

L'Harmattan Burkina Faso
Achille Somé – tengnule@hotmail.fr

L'Harmattan Guinée
Almamya, rue KA 028 OKB Agency
BP 3470 Conakry
harmattanguinee@yahoo.fr

L'Harmattan RDC
185, avenue Nyangwe
Commune de Lingwala – Kinshasa
matangilamusadila@yahoo.fr

L'Harmattan Congo
67, boulevard Denis-Sassou-N'Guesso
BP 2874 Brazzaville
harmattan.congo@yahoo.fr

L'Harmattan Mali
ACI 2000 - Immeuble Mgr Jean Marie Cisse
Bureau 10
BP 145 Bamako-Mali
mali@harmattan.fr

L'Harmattan Togo
Djidjole – Lomé
Maison Amela
face EPP BATOME
ddamela@aol.com

L'Harmattan Côte d'Ivoire
Résidence Karl – Cité des Arts
Abidjan-Cocody
03 BP 1588 Abidjan
espace_harmattan.ci@hotmail.fr

Nos librairies en France

Librairie internationale
16, rue des Écoles
75005 Paris
librairie.internationale@harmattan.fr
01 40 46 79 11
www.librairieharmattan.com

Librairie des savoirs
21, rue des Écoles
75005 Paris
librairie.sh@harmattan.fr
01 46 34 13 71
www.librairieharmattansh.com

Librairie Le Lucernaire
53, rue Notre-Dame-des-Champs
75006 Paris
librairie@lucernaire.fr
01 42 22 67 13

www.ingramcontent.com/pod-product-compliance
Lightning Source LLC
LaVergne TN
LVHW010947061026
849535LV00007B/2613